Günther Schwarberg
Das Getto

Ich danke
Alexander Dytman,
Benjamin Gruszka,
Jasia Starkopf,
Stefan Szczupak,
Krystyna Zywulska,
die das Getto überlebt haben
und mir bei diesem Buch halfen.

Günther Schwarberg

Das Getto

Steidl

1. Auflage August 1989
2. Auflage Oktober 1989

 Umschlaggestaltung und Buchausstattung: Gerhard Steidl · Gesetzt aus der Bembo der H. Berthold AG, Berlin · Herstellung: Steidl Verlag, Düstere Straße 4, 3400 Göttingen
ISBN 3-88243-108-3

Inhaltsverzeichnis

Ein harmloser Kaufmann aus Vegesack

Wissen Sie, wo Vegesack liegt? Ich bin dort geboren. Das ist 62 Jahre her. Damals war Vegesack eine kleine Hafenstadt an der Weser. Heute ist es nichts als ein Vorort von Bremen. Die meisten Leute sagen nicht einmal mehr Vegesack, sondern Bremen-Nord.

Stellen Sie sich solch einen kleinen Ort vor, wie er vor 50 Jahren ausgesehen hat. Die Hafenstraße mit dem schönsten Haus, der Sonnen-Apotheke. Der »Utkiek« weit über den Strom in das flache Marschenland. Den Sedanplatz mit der Sedan-Eiche. Die Hauptstraße, benannt nach einem Kolonialarzt aus Vegesack namens Gerhard Rohlfs. Das Zentrum war eigentlich nichts als eine Kreuzung zweier Straßen mit Geschäften daran: die Gerhard-Rohlfs-Straße kreuzte die Breite Straße. Das wichtigste für uns dort war das Eisgeschäft von Chiamulera, einem eingewanderten Italiener mit dem besten Eis. An der Ecke lagen zwei Textilgeschäfte einander gegenüber. Leffers und Többens, Leffers ist heute noch dort.

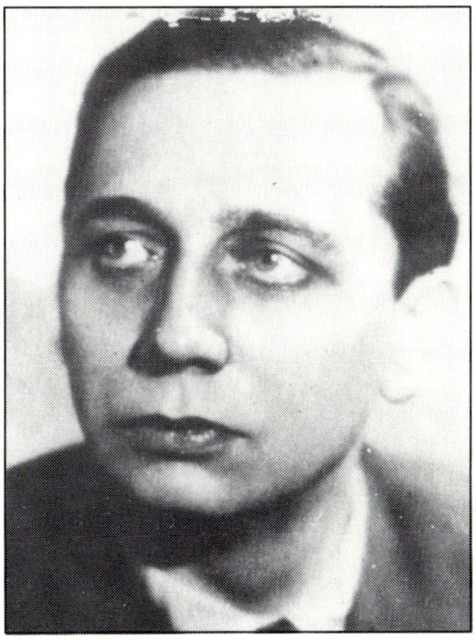

Walter Caspar Többens, etwa 1943

Mein Vater hatte in unserer Familie angeordnet: Bei Többens wird nicht gekauft! Deshalb kann ich mich nicht erinnern, wie das Geschäft von innen aussah. Bei Többens durfte nicht gekauft werden, weil er ein Betrüger sei. Der hat Juden das Geschäft weggenommen, hatte mein Vater sein Verbot begründet. Anständige Leute kauften dort nicht.

Wenn das stimmt, hatte ich mir damals schon ausgerechnet, mußte es in Vegesack viele unanständige Leute geben: Denn das Geschäft von Többens lief nicht schlecht. Vor Többens war ein jüdisches Textilgeschäft in diesem Hause. Aber daran erinnere ich mich nicht mehr, denn ich war erst acht, als der jüdische Name verschwand und dann der Namenszug Többens an der Fassade erschien. Hier stand oft der Schulfotograf und machte von uns Aufnahmen vor einer weißen Mauer. Es gibt von mir noch solch ein Bild, auf dem ich die Zähne blecke und auf dem Kopf eine Matrosenmütze mit der Schrift »Kreuzer Königsberg« trage.

Soll ich mich heute dafür schämen? Oder für meine Eltern? Ich weiß nur, daß mich mein Vater als Antinazi erzogen hat und daß die Mütze auf keinen Fall bei Többens gekauft wurde.

Der Turnlehrer zündet die Synagoge an

Zum Beispiel hat mir mein Vater am Nachmittag des 9. November 1938 verboten, aus dem Haus zu gehen. Ich war damals gerade zwölf Jahre alt geworden. Da wurde im Nachbarort Aumund die Synagoge angesteckt. Meine ältere Schwester hat später berichtet, sie habe unseren Sportlehrer dort gesehen.

Ob auch Többens dabei war, weiß ich nicht. Sein Geschäft und sein Wohnhaus lagen nicht weit entfernt. Warum sollte ich mich damals auch für diesen Namen interessieren? Ein Geschäftsmann, ein übler, nichts weiter. Und Antisemiten gab es damals viele. Der Name Többens verschwand. Ich wurde Anfang 1943 Luftwaffenhelfer. Da war ich 16 Jahre alt, haßte die Uniform und die Nazis und wußte nicht, wie ich mich dagegen wehren konnte. Das hatte ich nicht gelernt, auch nicht von meinem Vater.

Anderthalb Jahre später wurde ich Soldat, und dann kam der 8. Mai 1945. Der schönste Tag in meinem Leben. Das Sterben war zu Ende und die Nazis auch. Ich kam wieder zurück nach Vegesack. Da war nichts zerstört, und für manche Leute war der Krieg wie eine Episode zum Vergessen. Die Firma Többens gab es natürlich immer noch, aber das hatte für mich genauso viel oder wenig Bedeutung wie andere Nazis, die es eben auch gab. Was der Herr Walter Caspar Többens im Krieg gemacht hatte, wußte niemand. Und warum sollte man sich auch dafür interessieren? Man konnte ja nicht jeden fragen: Wo warst du? Ich ging 1946 von Vegesack weg. Wurde Journalist in Bremen, in Düsseldorf, in Berlin und in Hamburg.

Befindet sich Marian noch in Lublin?

Nach dreizehn Jahren, 1958, war auf einmal der Name Többens wieder da. Ich fand in einem polnischen Archiv einen Brief:

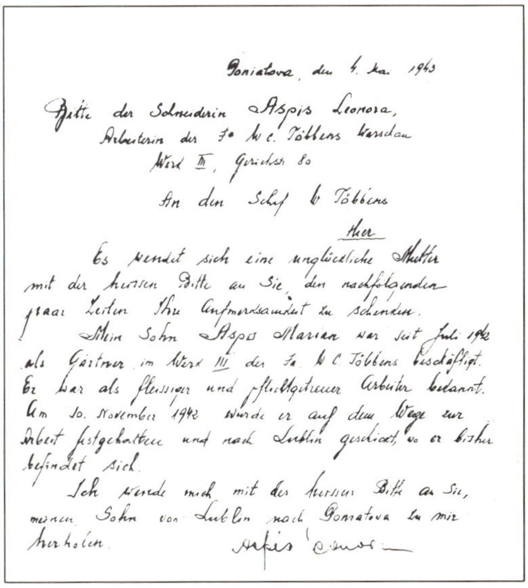
Poniatowa, den 4. Mai 1943
Bitte der Schneiderin Aspis Leonora,
Arbeiterin der Fa. W. C. Többens Warschau
Werk III, Gerichtsstr. 80
An den Schef W. Többens
Hier
Es wendet sich eine unglückliche Mutter
mit der heissen Bitte an Sie, den nachfolgenden
paar Zeilen Ihre Aufmerksamkeit zu schenken.
Mein Sohn Aspis Marian war seit Juli 1942
als Gärtner im Werk III der Fa. W. C. Többens beschäftigt.
Er war als fleissiger und pflichtgetreuer Arbeiter bekannt.
Am 30. November 1942 wurde er auf dem Wege zur
Arbeit festgehalten und nach Lublin geschickt, wo er bisher
befindet sich.
Ich wende mich mit der heissen Bitte an Sie,
meinen Sohn von Lublin nach Poniatowa zu mir
herholen. Aspis

Brief der Schneiderin Leonora Aspis

»Poniatowa,
den 4. Mai 1943.

Bitte der Schneiderin
Aspis Leonora,
Arbeiterin der Fa. W. C.
Többens,
Warschau Werk III,
Gerichtsstr. 80

An den Schef W. Többens

Hier
Es wendet sich eine unglückliche Mutter mit der heißen Bitte an Sie, den nachfolgenden paar Zeilen Ihre Aufmerksamkeit zu schenken. Mein Sohn Aspis Marian war seit Juli 1942 als Gärtner im Werk III der Fa. W. C. Többens beschäftigt. Er war als fleißiger und pflichtgetreuer Arbeiter bekannt. Am 30. November 1942 wurde er auf dem Wege zur Arbeit festgehalten und nach Lublin geschickt, wo er bisher befindet sich.

Ich wende mich mit der heißen Bitte an Sie, meinen Sohn von Lublin nach Poniatowa zu mir herzuholen.

Aspis Leonora«

Was war das für eine ahnungslose Schneiderin? Konnte sie glauben, daß ihr Sohn sich noch irgendwo »befinde« oder sogar zurückzuholen war, nachdem man ihn erst einmal nach »Lublin« gebracht hatte? Denn Lublin hieß Majdanek, und Majdanek hieß Tod. Und was war das für ein Werk III der Firma Többens in der Gerichtsstraße in Warschau? Und wo lag Poniatowa? War das der Többens von Vegesack? Oder war das zufällige Namensgleichheit? Ich fragte. Meine polnischen Freunde waren erstaunt: Einen der größten Verbrecher des Warschauer Gettos kannte ich nicht? Den Besitzer der großen Textilfabriken, den gehaßten Ausbeuter im Warschauer Getto?

Fabriken? Aber der kleine Textilhändler Többens von Vegesack war doch nie ein Fabrikant gewesen. Und vor allem: Es ist doch nicht denkbar, daß einer ein Massenmörder ist, und in seinem kleinen deutschen Heimatort weiß keiner etwas davon. Da ist er ein angesehener Unternehmer des Wirtschaftswunders, dessen Firma immer größer und dessen Geschäft mit der Alufassade immer häßlicher wird.

Aber ich hatte inzwischen gelernt, daß in diesem Deutschland alles denkbar ist. Und so rekonstruierte sich mir aus immer neuen Dokumenten der Lebensweg eines Vegesacker Textilhändlers, der sein Vermögen aus dem Leben der Juden gemacht hatte.

Zuerst hatte er nur den Sprung von einer Straßenseite auf die andere gemacht. Er war Verkäufer bei Leffers in Vegesack gewesen. Geld hatte er nicht, aber Geltungssucht. Schon vier Jahre vor der Reichskristallnacht hatte er sich mit erbeuteten Judenfirmen selbständig gemacht. Erst eine, dann wurden es in sieben Jahren vierzehn Judenfirmen, die er, der »Arier« Többens, »arisierte«. Vierzehn Judenfamilien hatte er um ihren Besitz gebracht. Ohne, wie die Kapitalisten das nennen, »eigenen Kapitaleinsatz«.

Der große Profit kam erst mit dem großen Krieg für Walter Caspar Többens aus Meppen, geboren am 15. Mai 1909. Erst fiel die Wehrmacht in Polen ein, dann der Textilhändler Többens. Er wurde »Kreisgroßhändler« im Bezirk Tomaszów (Tomaschow), Kreis Lublin. Das klingt harmlos. In Wirklichkeit begann hier der Raubzug. Denn die »Übertragung« geschah durch den »Leiter der Wirtschaftsgruppe Groß-, Einzel- und Ausfuhr-Handel im Reichswirtschaftsministerium« in Berlin, Dr. Lauts. Der ließ sich von Walter Caspar Többens diesen Handel vergolden und wurde nun »freiberuflicher Angestellter« bei der Firma Többens. Aus seinem Ministerium wußte Herr Lauts, daß die deutsche Wehrmacht einen großen Teil ihrer Uniformen im Judengetto von Warschau herstellen ließ. Viele kleine Werkstätten arbeiteten dort, Schneider, Frauen in Heimarbeit, Putzmacherinnen. Unorganisiert, wenig effektiv. Unter Aufsicht des Judenrates.

1940 besichtigt Walter Caspar Josef Többens das Getto. Er ist begeistert: 500 000 Menschen ohne Rechte. Billige Arbeitskräfte. Kostenlose Räume. Leere Schulen, Sporthallen, Fabrikgebäude. Braucht er Kapital? Er braucht keins, denn gibt es nicht Tausende Nähmaschinen im Getto? Wer bei Többens arbeiten will, soll die eigene Maschine mitbringen. Das bringt dem Juden eine Arbeitsbescheinigung ein, und die bedeutet vorläufigen Schutz vor Deportationen. Ein Stück Lebensverlängerung also. Die Fabrikationsräume reichen nicht aus? Dafür gibt es Krankenhäuser, die brauchen nur von den Kranken geräumt zu werden. Was braucht man noch gesund gemacht zu werden, wenn man bald vergast wird?

Später wird Többens seine Eroberung des Gettos wie einen Führerbefehl darstellen, den er nur widerwillig oder allenfalls pflichtgemäß und ohne eigenen Profit ausgeführt hat: »Im Jahre 1940 erhielt ich von der Transfer-Stelle den Auftrag, im Generalgouvernement Polen Wehrmachtsfertigungsbetriebe durchzuführen. Ich selbst kam Ende 1940 nach Warschau.«

Der »Warthegau« wird von Juden gesäubert

In dieser Zeit ist der Höhepunkt der »Säuberungen«. Tausende Juden sind schon tot. Die von der deutschen Wehrmacht eroberten Gebiete werden zum großen Teil dem Deutschen Reich angegliedert. Der »Warthegau« zum Beispiel. Lodz heißt nun Litzmannstadt. 500 000 Juden werden aus diesem eingedeutschten Wartheland ins »Generalgouvernement« umgesiedelt. Sie kommen in Gettos, viele in das Getto Warschau.

Sind sie noch Menschen? Menschen sind die deutschen Soldaten. Denn ein Soldat »ist im Ostraum nicht nur ein Kämpfer nach den Regeln der Kriegskunst, sondern auch Träger einer unerbittlichen völkischen Idee« (Befehl von Generalfeldmarschall Wilhelm Keitel). Aber auch der deutsche Zivilist ist ein Herrenmensch, den die Polen und die Juden zu grüßen und für den sie zu arbeiten haben. Im Getto sind die Juden so zusammengedrängt, daß bis zu dreizehn Menschen in einem Zimmer wohnen müssen. 128 000 Menschen pro Quadratkilometer. Keine Zuteilungen von Kohle oder Brennholz. Der gesamte jüdische Besitz ist beschlagnahmt. Deutsche erhalten pro Tag 2 310 Kalorien, Polen bekommen 654, Juden 184. Keine Verdienstmöglichkeiten. Auf dem Schwarzen Markt sind Lebensmittel unerschwinglich teuer.

Többens übernimmt die einzelnen Betriebe. Was zahlt er? Ein paar Zloty pro Tag. Nicht genug, um sich auch nur halb satt essen zu können. Aber er gibt den Juden jeden Tag eine Suppe.

Többens versteht es, zu organisieren. Wo bisher ein paar hundert Juden in verstreuten Werkstätten genäht haben, da sitzen nun Tausende in riesigen Fabrikationshallen. Werk I, Werk II, Werk III. Solange man bei Többens arbeiten darf, hat man eine »Arbeitskarte«. Man gerät in keine »Aktion«. Braucht sich nicht auf dem »Umschlagplatz« zu melden. Wird nicht abtransportiert nach Treblinka zum Töten. Wer nicht mehr genügend leistet, wird »freigestellt«. Frei zum Ermorden.

Die Juden nähen 145 000 Nazi-Uniformen

Többens läßt Jagdfliegerblusen nähen. Und Marineuniformen. Und Tarnhosen. Und Gummimäntel für Kradfahrer, wie man damals die Motorradfahrer der Wehrmacht nennt. In seinem Werk in der Straße Prosta werden im Jahre 1942 mehr als 145 000 Uniformstücke an die Wehrmacht abgeliefert. In den Steppen Rußlands fallen deutsche Soldaten mit weißen Tarnanzügen von Többens. Die U-Boot-Fahrer gehen mit Kragenbinden von Többens unter. In Jugoslawiens Bergen tragen die Soldaten, die von den Partisanen gefangengenommen werden, Bergmützen von Többens auf den Köpfen. In der Cyrenaica-Wüste kämpfen die Truppen des Generalfeldmarschalls Rommel mit langen Tropenhosen von Többens oder auch mit kurzen. Der Wachtposten am Polarkreis versucht seine frierenden Hände mit Winterfausthandschuhen von Többens zu wärmen. Und die Offiziere im Warenhaus Univermag in Stalingrad packen ihre Többens-Pelzmäntel für die Gefangenschaft ein, die letzten überlebenden Soldaten in den Häuserruinen an der Wolga sind froh, wenn sie eine Kopfhaube von Többens vor dem Erfrieren schützt. Keiner von ihnen weiß, daß dies alles zusammengenäht wurde von Juden im Getto von Warschau. Und keiner ahnt, daß ein Millionär namens Walter Caspar Többens Stück für Stück daran verdient.

Im Januar 1942 arbeiten in diesem Zweigwerk an der Prosta 2 270 Juden. Im Dezember sind es 7 729. Natürlich sind es nicht dieselben. Durch »Aktionen« werden die Juden selektiert, kommen nach Treblinka. Zurück kommt keiner, von den wenigen abgesehen, die aus dem Deportationszug flüchten können. Durch sie erfahren die Juden, was ihnen in Treblinka bevorsteht. Und durch diese Informationen bildet sich heimlich der Widerstand. Auch in den Többens-Werken. Uniformen werden auf die Seite geschafft. Die Maschinen in den Werkstätten werden zur Herstellung primitiver Waffen benutzt. In den Kellern unter den Fabrikräumen werden Bunker gegraben, Vorräte angelegt.

Többens ist weit weg, jenseits der Gettomauern, in seinem Warschauer Stadtbüro in der Kreuzstraße 23. So nennen die Nazis die Swietokrzyska.

Aber nicht allein Többens beutet die Juden im Warschauer Getto aus. Es sind viele deutsche Firmen. Firma Oskar Schilling & Co. Firma Bernhard Hallmann & Co. Firma W. von Schoene. Firma Curt Röhrich G.m.b.H. Firma Ostdeutsche Bautischlerei G.m.b.H. Firma G. Gerlach. Firma Oxaco A.G. Firma Schultz & Co. G.m.b.H. Schultz ist der zweitgrößte Unternehmer im Getto, Többens ist der größte, der brutalste. Mit ihm arbeiten die Wehrmacht, die Gestapo, die SS am engsten zusammen. Von ihm erhält man die besten Bestechungsgelder. Er macht den größten Profit.

Am 10. Oktober 1941 schreibt Adam Czerniakow, der Vorsitzende des Warschauer Judenrates, in sein Notizbuch: »Morgens Gemeinde. Danach in den Werkstätten in der Prosta-Straße. Gespräch mit dem Unternehmer Többens und Dr. Lauts. Többens herrscht über die Werkstätten, er hat Disziplin eingeführt. Beide wünschen, daß der Judenrat sich um die Arbeiter kümmert (Lebensmittel, Kohle, Schuhe, Bäder und so weiter), denn der ausgezahlte Lohn deckt nicht den Bedarf der Arbeiter.« Elf Tage später notiert er wieder: »Dr. Lauts und Többens suchten mich auf und verlangten Lebensmittelzuteilungen für die Arbeiter. Danach gingen sie zu Gepner, der verschiedene Lebensmittel für die Küchen zusagte.« Und am nächsten Tag nochmals: »Lauts verlangt wieder ›Zucker‹ für die Werkstätten.«

Gepner ist im Getto der Vorsitzende der Versorgungsabteilung des Ältestenrates. Früher einmal war er ein reicher Industrieller gewesen. Von den Lebensmitteln, die Lauts und Többens aus dem Getto herauspreßten, kommen nur wenige auf die Tische der jüdischen Arbeiter. Das meiste wird von Többens für seinen Privatbedarf genommen oder von ihm verschoben. Aussage von Heinrich Rubinlicht: »Die bei Többens gearbeitet haben, waren schon nur noch Skelette, so ausgehungert. In der Sonderküche war ein richtiger Luxus, und dort wurde für Többens und seine

Kumpane gekocht. Die Juden bekamen täglich ungefähr einen halben Liter Suppe, in die Talg geschnitten war, und ein Brot für 16 Personen.«

Die Lebensmittel-Lieferungen des Judenrates bezahlt Többens nicht. Im Juni 1942 wird er von dem mächtigsten Mann des Gettos deshalb zur Rede gestellt. Rechtsanwalt Dr. Heinz Auerswald ist der Kommissar für den Jüdischen Wohnbezirk. Er untersteht dem Gouverneur des Distrikts Warschau. Bei ihm hatte sich Czerniakow beklagt, daß Többens 550 000 Zloty für Lebensmittel-Lieferungen schulde und nicht bezahlen wolle. Többens überlegt sich einen Trick, wie er seine Schulden loswerden und gleichzeitig noch mehr Geld aus den Juden herauspressen könne.

Adam Czerniakow notiert am 25. Juni 1942 in sein Tagebuch: »Auerswald forderte Unterlagen über Többens' Schuld an. Sie beträgt 550 000 Zloty. Többens soll erklärt haben, im Mai (!) dieses Jahres habe jemand auf sein Auto geschossen, und deshalb verlangt er vom Rat 2 000 000 Zloty Kaution für seine Familie. Die 550 000 Zloty will er infolgedessen einbehalten.«

Ein Erholungsheim für Judenkinder

Nach dem Krieg sagt der Ingenieur Marian Lichtenstein, geboren am 29. September 1904 in Chorzelle in Polen, vor der Polizei aus: »Többens hatte im Warschauer Getto Konfektionsbetriebe. Den jüdischen Arbeitern brauchte er keinen Lohn zu zahlen. Er hatte den Arbeitern versprochen, ihre Kinder in seine Obhut zu nehmen. Dafür habe er ein spezielles Haus mit Gartenanlage. Selbstverständlich ließ er sich hierfür Riesenbeträge zahlen. Als er die Juden erpreßt hatte, ließ er die Kinder in Vernichtungslager schicken.«

Marian Lichtenstein hatte einmal selbst einen Chemiebetrieb, die Firma »Nitta-Rett«. Mit Freunden und Bekannten stellte er

Többens hundert Nähmaschinen zur Verfügung. Kostenlos. Sie dachten, so sei ihr Leben gerettet und das ihrer Frauen und Kinder. Bald darauf ließ Többens Frau Lichtenstein und den einzigen Sohn nach Treblinka schicken.

Im Juli 1942 hat Többens die Idee, auch die jüdischen Kinder auszubeuten. Er spricht mit Czerniakow über die Acht- bis Zwölfjährigen, die vor allem wegen Schmuggels von der arischen Seite ins Getto eingesperrt sind. Többens schlägt vor, diese Kinder in einem Besserungsheim für sich arbeiten zu lassen. Czerniakow notiert über sein Gespräch mit Auerswald: »14. Juli 1942. Bezüglich der Kinder im Arrestlokal war er einverstanden, sie bis zur Bereitstellung eines geschlossenen Besserungsheims vorerst in Internaten unterzubringen ... Er war damit einverstanden, daß Többens, Schultz beziehungsweise die Bürstenmacher Werkstätten einrichten.« Die Kosten für die Einrichtung soll der Judenrat tragen.

Die Aussiedlung

Ab Mitte Juli 1942 werden die Juden nicht mehr in einzelnen Erschießungsaktionen ermordet, sondern ihre Tötung geschieht nun fabrikmäßig. Treblinka ist fertig. Am 22. Juli 1942 morgens um zehn Uhr erscheint der SS-Sturmbannführer Hermann Höfle im Büro des Warschauer Judenrates. Er befiehlt, die Telefonleitungen abzustellen, und erklärt, er habe einen Befehl zu diktieren. Der Judenälteste Adam Czerniakow fordert seinen Sekretär Marcel Reich-Ranicki auf, mitzuschreiben. Höfle diktiert: »Dem Judenrat wird Folgendes eröffnet: Alle jüdischen Personen, gleichgültig welchen Alters und Geschlechtes, welche in Warschau wohnen, werden nach dem Osten umgesiedelt.« Die Aussiedlung soll am selben Tage um elf Uhr beginnen, also eine Stunde später. »Ausgenommen davon sind alle Juden, die bei deutschen Firmen arbeiten, das Krankenhauspersonal, der jüdische Ordnungsdienst.«

Die endgültige Vernichtung hat begonnen. Czerniakow notiert in seinem Tagebuch: »Bis heute nachmittag um vier Uhr müssen 6 000 Menschen bereitgestellt werden. Und so (mindestens) wird es jeden Tag sein. [...] Das tragischste Problem ist das der Kinder in den Waisenhäusern. Ich habe es zur Sprache gebracht – vielleicht läßt sich etwas machen. Sturmbannführer Höfle (Beauftragter für die Aussiedlung) bat mich in sein Büro und erklärte, meine Frau sei vorläufig noch in Freiheit, doch wenn die Aussiedlung nicht wunschgemäß verlaufe, werde sie als erste Geisel erschossen.«

Auch am nächsten Tag, am 23. Juli 1942, macht Adam Czerniakow noch einige Notizen: »Eine Nähmaschine kann das Leben retten.« Und: »Sie verlangen von mir, mit eigenen Händen die Kinder meines Volkes umzubringen. Es bleibt mir nichts anderes übrig als zu sterben.«

Eine Stunde nach der letzten Eintragung ins Tagebuch ist Adam Czerniakow an Zyankali gestorben. Sein Tod warnt diejenigen, die immer noch nicht wissen, was »Aussiedlung« heißt. Die meisten wissen es: Aussiedlung heißt Tod.

Ausgenommen davon soll sein, wer eine Arbeitskarte besitzt. Vorläufig ausgenommen. Die Jagd auf Arbeitskarten beginnt. Die Arbeitskarten werden zu Wertpapieren. Többens weiß, wie er seine Wertpapiere verkaufen kann. In Schlangen stehen die Juden vor den Büros der Firma Többens, um sich eine Arbeitskarte zu kaufen. Der Buchhalter Samuel Rajzman ist einer von ihnen. Er schildert: »Durch seine Vermittler und Geschäftsleiter Johann, Bauch und andere wußte Többens diese Konjunktur gut auszunutzen. Er verstand es zu gut, Tausenden und abermals Tausenden ihre letzten Pfennige auszupressen und dafür eine Arbeitskarte zu bewilligen. Die Juden haben sämtliche Fabrikanlagen, Rohstoffe und Geld an W. C. Többens abgegeben, bloß um sich einen Arbeitsplatz zu verschaffen. Der Preis einer Arbeitskarte war von 5 000 bis 10 000 Zloty. Schon im Laufe von einem Monat hatte W. C. Többens über 50 000 Juden eingestellt. Er hat die Menschen wie Sklaven behandelt. Die Arbeit in seinen Unternehmungen war von früh bis spät abends. Man durfte die Fabrikräume nicht verlassen, und man bekam dafür nur einen halben Liter Wassersuppe täglich.«

Auch Samuel Henryk Hoffenberg, damals 30 Jahre alt, berichtet von den Geschäften, die Többens mit Arbeitskarten machte: »Die Verteilung der Arbeitskarten erfolgte vom Zentralbüro in der Prosta aus. Die Angestellten händigten die Arbeitskarten, die von Többens oder Bauch unterschrieben waren, listenweise aus. Er nehme an, daß mit den überzähligen Karten Geschäfte gemacht wurden. Es konnte jeder Leiter an Bauch herantreten und für Geld solche Arbeitskarten erwerben.«

Es war, wie Czerniakow gesagt hatte: Eine Nähmaschine kann das Leben retten. Bei Többens konnte man sie eintauschen gegen die Arbeitskarte, mußte allerdings noch zuzahlen.

Einen Tag nach dem Tod von Adam Czerniakow gibt der Judenrat eine neue Bekanntmachung heraus:

> »1. Infolge unzutreffender Nachrichten, die im jüdischen Wohnbezirk in Warschau im Zusammenhang mit der Umsiedlung kreisen, wurde der Judenrat in Warschau von den Behörden berechtigt, bekanntzugeben, daß die Umsiedlung der im jüdischen Wohnbezirk in Warschau nicht produktiv tätigen Bevölkerung tatsächlich nach dem Osten erfolgen wird.
>
> 2. Die Umsiedlung muß im eigenen Interesse der Bevölkerung zu dem vorgeschriebenen Termin durchgeführt werden. Der Judenrat in Warschau fordert die der Umsiedlung unterliegenden Personen auf, sich nicht zu verstecken und sich der Umsiedlung nicht zu entziehen, da dies die Durchführung der Aufgabe nur erschweren würde.
>
> 3. Im eigensten, allgemeinen Interesse der jüdischen Bevölkerung in Warschau ist es erforderlich, daß die der Umsied-

lung unterliegenden Personen, die in den jeweils bekanntgegebenen Häusern wohnhaft sind, sich freiwillig im Sammellager Stawki 6/8 stellen. Nach erlangter Versicherung werden freiwillig sich stellende Familien nicht getrennt.

Warschau, den 24. Juli 1942
Der Judenrat in Warschau«

Noch immer glauben viele Juden, daß sie wirklich »umgesiedelt« und nicht getötet werden sollen. Die Nachrichten über die Vernichtungslager sind unglaublich. Immer noch gehen viele freiwillig in die Züge nach Treblinka. Aber die meisten verstecken sich doch voll Angst, wenn im Getto wieder eine Durchsuchung stattfindet.

Die Nazis versuchen es mit einer »Marmeladen-Aktion«: Der Leiter des Jüdischen Ordnungsdienstes läßt am 29. Juli 1942 Plakate kleben: »Ich gebe hiermit bekannt, daß alle Personen, die, gemäß der Anordnung der Behörden zur Aussiedlung kommen, sich am 29., 30. und 31. Juli des Jahres freiwillig zur Abreise melden werden, erhalten pro Person drei Kilogramm Brot und ein Kilogramm Marmelade. Sammelpunkt und Produktenverteilung – Stawkiplatz Ecke Wildstraße.«

Die Wildstraße hieß einmal Dzika. Dort werden 180 000 Kilogramm Brot und 36 000 Kilogramm Marmelade verteilt: Wieder fahren 60 000 Juden zur Vergasung nach Treblinka.

Aber den Nazis sind diese Transporte nicht ausreichend. Sie beginnen die kleineren Betriebe im Getto zu liquidieren. Der Andrang zu den großen Firmen, zu Schultz und zu Többens, wird immer drängender. Viele, die dort nicht aufgenommen werden, kaufen sich auf dem Schwarzen Markt gefälschte Arbeitskarten. Man kann dort alles haben, wenn man nur Geld hat. Am gefragtesten sind gefälschte arische Ausweise, mit denen Juden auf die andere Seite flüchten.

Bericht von Ignatz Eichler: »An einem Septembertag 1942 kam eine Verordnung, daß sämtliche im Warschauer Getto lebenden Juden sich in vier Straßen bis zehn Uhr Vormittag versammeln müssen. Den Tag kam Többens mit der Gestapo und der SS. Es ist aussortiert worden, welche Menschen den Weg in das Vernichtungslager anzutreten haben. Többens und sein Geschäftsführer Rudolf Bauch waren die Sortierer. Von ihrer Gnade hing es ab, wer leben bleiben durfte. Von seiner Werkstatt Nr. 16 sind von 6000 Juden bloß 300 übriggeblieben. Die anderen mußten den Marsch in die Vernichtungslager antreten. So ging es weiter. Többens forderte immer frische Arbeiter. Erpreßte von denen das Geld und die Schmuckstücke. Sodann übergab er sie der Gestapo und der SS. Zum Schluß hat er seine Werkstätten nach Poniatowa verlegt und nahm dorthin 25 000 Juden mit, denen er die größten Zusicherungen gab. In Poniatowa wurden sodann die unglücklichen Menschen erschossen.«

Man muß sich bei Többens einkaufen

Aussage des Moszek Frossenberg am 25. April 1947 um elf Uhr in Warschau vor Fähnrich Tadeusz Stepkowski von der Sicherheitsabteilung in Anwesenheit des Protokollführers Tadeusz Streczyk: »Ich heiße Frossenberg Moszek, meine Eltern: Boruch und Frajdlig, geborene Braintuch. Geburtsdatum: 4. April 1920 in Pulawy. Religion: Jüdisch. Staatszugehörigkeit: Polnisch. Beruf: Klempner. Wohnort: Warschau, Zabkowska 30 m 19. Ich bin Jude, und seit dem 15. November 1940 war ich im Getto. Im Jahre 1941 begannen die Deutschen mit der Errichtung von Arbeitsstätten im Getto. Unter anderem befand sich dort eine Werkstatt von Többens, Walter. Dort waren ungefähr 15 000 Personen beschäftigt. In den ersten Tagen nach der Errichtung der Werkstatt verhielt sich Többens der Bevölkerung gegenüber verhältnismäßig tolerant, doch die Zustände wurden von Tag zu Tag schlechter. Többens verbreitete die Ansicht, daß alle bei ihm beschäftigten Juden die Möglichkeit haben, am Leben zu bleiben. Aber trotz dieses Versprechens waren die Leute zu dieser Arbeit nicht gern bereit, da die Existenzbedingungen sehr schwach waren. Am 22. Juli 1942 erschienen im Getto Bekanntmachungen, die eine Evakuierung der Bevölkerung aus dem Warschauer Getto in eine nicht näher bezeichnete Richtung ostwärts ankündigten. Im Warschauer Getto sollten nur diejenigen verbleiben, die in deutschen Anstalten beschäftigt waren. Daraufhin begann die Bevölkerung in Massen, sich für Arbeiten bei deutschen Institutionen und Unternehmen zu verpflichten, unter anderem auch bei Többens. In den ersten Tagen dieser Umsiedlungsaktion hat Többens ohne Schwierigkeiten jeden Facharbeiter aufgenommen. Anschließend stellte er jedoch die Forderung, daß jeder, der bei ihm zu arbeiten wünschte, seine eigene Werkstatt zur Verfügung zu stellen hatte. Einige Tage später hat Többens auch diese Forderung durch eine noch schlechtere ersetzt, und so genügte es nicht mehr, daß man die eigene Werkstatt zur Verfügung stellte, sondern man hatte, um aufgenommen zu werden, noch zusätzlich eine Geldsumme zu hinterlegen, deren Höhe sich nach der wirtschaftlichen Lage der Person richtete. Auf jeden Fall aber mußte diese Summe 5 000 Zloty betragen. Die Lage der bei Többens beschäftigten Juden verschlechterte sich mit jedem Tag, da er in gewissen Abständen Selektionen vornahm, bei denen er Leute aussuchte, die für die Hinrichtung bestimmt waren. Solche Selektionen führte Többens persönlich durch.«

Aussage des Industriellen Henryk Herswald, 46 Jahre alt, wohnhaft in Warschau, Targowa 64 m 10, am 7. Mai 1947: »Seit der Errichtung des Gettos befand ich mich in Warschau. Ich arbeitete zwangsmäßig in der Werkstatt Braun. Die Werkstätten von Többens befanden sich im kleinen Getto auf der Prostastraße und im großen Getto auf der Lesznostraße. Es ist mir bekannt, daß die bei Többens beschäftigten Arbeiter keinerlei Entschädigung für ihre Arbeit erhielten. Ihr einziger Lohn bestand aus einem Viertel Kilogramm Brot und einem halben Liter Suppe täglich. Többens veranstaltete in seiner Firma häufig Selektionen, nach denen Leute in Massen in Vernichtungs- oder Konzentrationslager ohne einen Grund überführt wurden. Trotz des anhaltenden Hungers im Getto stellte Többens einen gewissen Szmajdler, der Backwarenspezialist war, ein, der aus gestohlenen Verpflegungskontingenten ihm besonders schmackhaftes Gebäck herstellte. Zudem sollten diese Kontingente für Kinder und erkrankte Arbeiter bestimmt sein. Davon hat mir persönlich Szmajdler erzählt. Unter dem Vorwand, daß Leute, die sich verpflichten, bei ihm in seiner Werkstatt in Poniatowa zu arbeiten, es dort gut haben werden und den Krieg überleben können, wollte Többens die Liquidation des Gettos und den Übergang der Leute vom Getto in seine Werkstätten nach Poniatowa erwirken. Er entsandte Vertretungen nach Poniatowa, wo sie sich von der Herrlichkeit überzeugen sollten, und nachdem die Leute dorthin übersiedelt sind, mißhandelte er sie, und mit der Zeit rottete er sie vollkommen aus. Unter den im Jahre 1943 nach Poniatowa Verschickten befanden sich meine Verwandten: Jechuda Wolflamm mit Frau und Kindern, Natan Wolflamm mit Sohn, Natan Rejber mit Frau und Kind. Sie alle wurden zwischen dem 15. März und dem 23. April 1943 dort hingebracht. Im April 1943 fand die endgültige Liquidation des Gettos von Többens statt. Es sind mir Fälle bekannt, wonach auf Többens Anordnung auf Leute wie auf Enten geschossen wurde. Mehrere tausend Leute sind durch Többens umgekommen. Am 23. April 1943 traf ich Többens, als er auf einem Platz eine Selektion durchführte. Unter den 2 580 Personen, die auf dem Platz versammelt waren, wurden 150 ausgesucht und zum Ostbahnhof gebracht, weitere 100 Personen wurden für Leszno (Többens-Werkstatt in der Leszno-Straße) bestimmt, während die übrigen ins Vernichtungslager gebracht wurden. Többens war der Leiter dieser Aktion, und in seiner Anwesenheit haben die SS-Leute in die Menge geschossen. Es gab Tote und Verwundete. Die Verwundeten flehten die Gestapo-Leute an, sie mögen sie ganz erschießen. Während der Liquidation geriet ich auf den Ostbahnhof und traf dort einen gewissen Chorowicz, ungefähr am 5. Mai. Chorowicz war während der Aktion Leichenbestatter auf dem jüdischen Friedhof, und er entkam aus dem Getto dank seiner Zugehörigkeit zur Freiheitspartei. 20 Personen ist es einmal gelungen, von dem Friedhof zu entkommen, als ein Auto mit Partisanen vorgefahren kam und sie mitnahm. Die übrigen wurden erschossen. Chorowicz ist mit noch zwei anderen Juden die Flucht zum Ostbahnhof möglich gewesen, und dort erzählte er, daß zwischen dem 20. April und 5. Mai 1943 auf Veranlassung von Többens zirka 6 000 Leichen von Juden, die von der Gestapo ermordet wurden, von ihnen fortgeräumt werden mußten. Persönlich weiß ich von Fällen, daß SS-Männer in Anwesenheit von Többens Frauen befahlen, sich vollkommen zu entkleiden, und diese öffentlich vergewaltigten, wonach sie sie töteten. Chorowicz erzählte mir, daß von der Gestapo ermordete Polen auf den jüdischen Friedhof gebracht wurden, wo sie heimlich begraben werden sollten. Während dieser Zeit, so erzählte mir Chorowicz, wurden zirka 10 000 Polen, bei denen Dokumente gefunden wurden, begraben. Es handelte sich meistens um höhere polnische Amtsträger. Chorowicz wurde am 20. Juli 1943 nach Treblinka verschickt und ist dort umgekommen. Ich bin dagegen am 26. Mai 1943 aus der Eisenbahnwerkstatt verschwunden und hielt mich bis zur Befreiung versteckt. Damit beende ich meine Aussage. Herswald Henryk.«

Himmler ist böse

Es sind nun 24 000 Juden, die für Többens arbeiten, ehe sie getötet werden. Viel zu viele für die Judenpolitik der obersten Nazis. Sie sollten längst tot sein, und nun arbeiten sie immer noch für Többens. Für Schultz. Für die anderen Unternehmer im Getto.

Bis Heinrich Himmler davon erfährt. Der »Reichsführer SS« war ein Purist im Morden. Er wollte, daß die Juden sozusagen klinisch sauber aus der Welt geschafft werden und daß keiner ihrer Mörder sich selber auch nur eine Taschenuhr einsteckt. Am 6. Oktober 1943 sagte er in einer geheimen Rede vor Gauleitern: »Wir haben das ganze Vermögen, das wir bei den Juden beschlagnahmten – es ging in unendliche Werte –, bis zum letzten Reichspfennig an den Reichswirtschaftsminister abgeführt. Ich habe mich immer auf den Standpunkt gestellt: Wir haben die Verpflichtung unserem Volke, unserer Rasse gegenüber, wenn wir den Krieg gewinnen wollen – wir haben die Verpflichtung unserem Führer gegenüber, der nun in 2000 Jahren unserem Volke einmal geschenkt worden ist, hier nicht klein zu sein und hier konsequent zu sein. Wir haben aber nicht das Recht, auch nur einen Pfennig von dem beschlagnahmten Judenvermögen zu nehmen. Ich habe von vornherein festgesetzt, daß SS-Männer, auch wenn sie nur eine Mark davon nehmen, des Todes sind. Ich habe in den letzten Tagen deswegen einige – ich kann es ruhig sagen, es sind etwa ein Dutzend – Todesurteile unterschrieben. Hier muß man hart sein, wenn nicht das Ganze darunter leiden soll.«

Ihm geht die Ermordung der Juden zu langsam. Es paßt nicht in seinen Plan, daß in Warschau und in Lublin immer noch große, unübersichtliche Gettos existieren. Er will klare Vernichtungsverhältnisse. KL statt Gettos, Konzentrationslager, dann hat er die Juden besser im Griff, als wenn sie in ihren eigenen Straßen, ihrem eigenen Stadtteil wohnen und als Privatleute zur Arbeit bei Privatfirmen gehen. Es empört ihn, daß Firmen wie Többens und Schultz sich »Rüstungsbetriebe« nennen, obwohl in ihnen gar keine Waffen hergestellt werden, sondern nur Uniformen und Filzstiefel für die Wehrmacht. Am 9. Oktober 1942 schreibt er einen Brief an die wichtigsten Manager der Judenvernichtung, Pohl, Krüger, Wolff, auch an Odilo Globocnik und den Generalquartiermeister Wagner:

> »1. Ich habe angeordnet, die ganzen sogenannten Rüstungsarbeiter, die lediglich in Schneider-, Pelz- und Schusterwerk-

stätten arbeiten, durch SS-Obergruppenführer Krüger und SS-Obergruppenführer Pohl an Ort und Stelle, das heißt in Warschau, Lublin, in KL zusammenzufassen. Die Wehrmacht soll ihre Bestellungen an uns geben, und wir garantieren ihr den Fortgang der Lieferungen für die von ihr gewünschten Bekleidungsstücke. Gegen alle diejenigen jedoch, die glauben, hier mit angeblichen Rüstungsinteressen entgegentreten zu müssen, die in Wirklichkeit lediglich die Juden und ihre Geschäfte unterstützen wollen, habe ich Anweisung gegeben, unnachsichtig vorzugehen.

2. Die Juden, die sich in wirklichen Rüstungsbetrieben, also Waffenwerkstätten, Autowerkstätten und so weiter befinden, sind Zug um Zug herauszulösen.
Als erste Stufe sind sie in den Betrieben in einzelnen Hallen zusammenzufassen. Als zweite Stufe dieser Entwicklung ist die Belegschaft dieser einzelnen Hallen im Austausch tunlichst in geschlossenen Betrieben zusammenzutun, so daß wir dann lediglich einige geschlossene Konzentrationslager-Betriebe im Generalgouvernement haben.

3. Es wird dann unser Bestreben sein, diese jüdischen Arbeitskräfte durch Polen zu ersetzen und die größere Anzahl dieser jüdischen KL-Betriebe in ein paar wenige jüdische KL-Großbetriebe tunlichst im Osten des Generalgouvernements zusammenzufassen. Jedoch auch dort sollen eines Tages dem Wunsche des Führers entsprechend die Juden verschwinden.«

Am 9. Januar 1943 fährt Heinrich Himmler unangemeldet nach Warschau und durchs Getto, geschützt von vier Panzerspähwagen. Einer der mächtigsten Männer Deutschlands diktiert nach seiner Rückkehr einen wütenden Brief an den SS-Obergruppenführer Krüger:

»Lieber Krüger!

Ich war vorgestern in Warschau. Da ich nicht sicher wußte, ob ich dorthin komme, habe ich Dich nicht verständigt. Ich habe mir den örtlichen Mann der Heeres-Rüstungsinspektion, einen Oberst Fretter, kommen lassen. In Warschau befinden sich noch rund 40 000 Juden. Von diesen werden 8 000 in den nächsten Tagen abgefahren. 32 000 sind noch in sogenannten Rüstungsbetrieben. Davon rund 24 110 in Textil- und Pelzbetrieben, insbesondere bei der Firma Walter C. Többens KG., Warschau.

Ich habe dem Oberst Fretter den Auftrag gegeben, dem Rüstungsinspekteur, Generalleutnant Schindler, mitzuteilen, daß ich erstaunt sei, daß meine Anweisungen bezüglich der Juden nicht befolgt würden.

Ich habe nunmehr noch einmal eine Frist bis 15. Februar 1943 gestellt, in der folgende Dinge zu erfüllen sind:

1.) Sofortige Ausschaltung der privaten Firmen. Ich halte es für unbedingt notwendig, daß dafür gesorgt wird, daß diese sich hier unabkömmlich gemacht habenden Besitzer tunlichst eingezogen und an die Front gebracht werden.

2.) Das Reichssicherheitshauptamt beauftrage ich, mit Hilfe von Buchprüfern die Geschäfte und Gewinne der Firma Walter C. Többens KG., Warschau, einmal genauestens unter die Lupe zu nehmen. Wenn ich nicht irre, hat sich hier im Verlaufe von drei Jahren ein früher besitzloser Mann zum wohlhabenden Besitzer – wenn nicht sogar schon zum Millionär – entwickelt, und zwar nur dadurch, daß wir, der Staat, ihm die billige jüdische Arbeitskraft zutrieben.

3.) Sofortige Übernahme der ganzen 16 000 Juden in ein KL, am besten nach Lublin. Garantie an die Rüstungsinspektion, dasselbe hinsichtlich Anzahl und bezüglich der Termine zu leisten und zu liefern, was bisher geleistet wurde. Ich glaube, daß es außerdem zu billigeren Preisen gemacht werden kann.

4.) Dasselbe gilt für eine Anzahl kleinerer Getto-Betriebe, die Teile von Maschinen oder Flugzeugen machen, die auch in einem Lager gemacht werden können.

5.) Der Rest an wirklich eisenbearbeitenden Betrieben ist raschestens an irgendeiner Stelle im Generalgouvernement zusammenzufassen, so daß man hier dann einen Betrieb mit ein paar Hallen, belegt nur mit jüdischen Arbeitern, hat, für deren Bewachung und Isolierung dann schärfstens zu sorgen ist.

Ich ersuche um Durchführung und Vollzugsmeldung.

Heil Hitler!

gez. H. Himmler«

Das scheint das Ende der Millionärslaufbahn des Textilkaufmanns Többens zu sein. Aber es scheint nur so. Denn in Berlin sitzen Mächtigere an den Schalthebeln der Macht als der »Reichsführer SS«, und Walter Caspar Többens hat einen Draht zu ihnen.

Nichts geschieht ihm. Keine Buchprüfung. Keine Übernahme der Firma durch den Staat. Für die Juden, die ihm weggenommen und vergast werden, nimmt Többens sich neue. Der Staat treibt ihm weiter billige jüdische Arbeitskraft zu, und das Wort stammt von Heinrich Himmler. Bis es in Warschau keine mehr gibt. Da lohnen sich dort die Textil- und Bekleidungswerkstätten Walter C. Többens KG, Warschau, nicht mehr. Denn eine Woche nach Himmlers Fahrt durchs Getto wehren sich die Juden zum erstenmal mit Waffen. Am 15. Januar 1943 beginnt die zweite große Aussiedlung. 16 000 Juden sollen nach Treblinka gebracht werden. An diesem Tage schießen Widerstandskämpfer der zionistischen Jugendorganisation Hechaluz auf die SS-Leute und Polizisten, die in der Milastraße und auf der Zamenhofa Juden zusammentreiben wollen. Die Deutschen ziehen sich vorübergehend zurück. Sie haben einige Tote und Verwundete.

Drei Tage später klebt ein Aufruf der ZOB (Zydowska Organizacja Bojowa, Jüdische Kampf-Organisation) an den Mauern: »Juden! Wehrt Euch! Nehmt Beile und Messer in die Hand! Verbarrikadiert Eure Häuser: Nur im Kampf habt Ihr eine Möglichkeit der Rettung! Kämpft!«

Statt 16 000 können die Deutschen nur 6 000 Juden nach Treblinka bringen. Aber um so größer wird nun der Druck der SS, die Betriebe aus dem Getto zu verlagern. Ein Unternehmer wie Többens holt sich seinen Profit auch aus den Konzentrationslagern. Er hat längst den Abtransport seiner Maschinen und Juden aus Warschau nach Poniatowa bei Lublin, beim Vernichtungslager Majdanek organisiert, um auch dort so lange wie möglich noch ihre Arbeitskraft auszubeuten. Bis zu ihrem letzten Lebenstag. Das ist, heute wissen wir das, der 3. November 1943. Da werden sie alle erschossen, und die SS nennt diese Aktion »Erntefest«.

Herr Többens vereinnahmt alle Rechnungsbeträge

Am 31. Januar 1943 fährt Többens zum »SS- und Polizeiführer für den Distrikt Lublin«, Herrn Odilo Globocnik. Die beiden schließen einen Vertrag ab. Das heißt, der Fabrikbesitzer Többens schließt diesen Vertrag mit einem Partner, den er durch Bestechung fest in der Hand hat:

»§ 1

Auf Befehl des Reichsführers SS übernimmt der SS- und Polizeiführer Lublin mit Wirkung vom 1. Februar 1943 sämtliche nicht stationären Warschauer Rüstungsbetriebe, die bisher mit Juden gearbeitet haben, um sie in seine Arbeitslager zu überführen und dort weiter zu produzieren. In das Lager Poniatowa bei Opole werden sämtliche Textilbetriebe und Sattlereien überführt. Zu den im Lager Poniatowa bereits arbeitenden 1 500 Juden dürften demnach 10 000 jüdische Arbeitskräfte hinzukommen. Mit überführt werden alle Maschinen und Einrichtungen sowie die noch zu verarbeitenden Materialien, damit sofort weitergearbeitet werden kann.

§ 2

Herr Többens, der in Warschau einen der zwei größeren Bekleidungs-Rüstungsbetriebe mit jüdischen Arbeitskräften führt, übernimmt mit einigen seiner reichsdeutschen Zivilkräfte die technische Führung des in Poniatowa aufzubauenden Rüstungsbetriebes. Betreut wird dieser Betrieb vom Rüstungskommando für den Rüstungsbereich Warschau.
Herr Többens verpflichtet sich, einen mustergültigen Rüstungs-Großbetrieb für Konfektion und Verarbeitung von Textilien aller Art sowie für Sattlerei aufzubauen und ist allein verantwortlich und bestimmend für den Ablauf der gesamten Produktion. Herr Többens gibt für den Ausbau einen Organisationsplan an die Lagerführung heraus. Die SS-Lagerführung veranlaßt die Ausführung und trägt auch die Kosten dafür.

§ 3

Als Lagerführer wird ein noch zu bestimmender SS-Führer eingesetzt. Ständiger Vertreter ist SS-Oberscharführer Birmes.

§ 4

Die Lagerführung hat für einen geordneten Lagerbetrieb gemäß besonderer Lagerordnung zu sorgen. Sie hat die Arbeitskräfte nach Bedarf Herrn Többens zur Verfügung zu stellen, alles Erforderliche für die Sicherheit des Lagers zu veranlassen und ist überhaupt in allen Angelegenheiten für Herrn Többens zuständig.

§ 5

Es werden nur Wehrmachtsaufträge ausgeführt. Bei Arbeitsmangel können auch andere Aufträge ausgeführt werden, jedoch ist hierzu das beiderseitige Einverständnis notwendig.
Aufträge können auch durch Herrn Többens angenommen werden, müssen zu Übersichtszwecken aber der SS gemeldet werden.

§ 6

Herr Többens vereinnahmt alle Rechnungsbeträge für die Produktion und hat davon die Unkosten für Licht und Beheizung sowie die Gehälter und Löhne für die arischen Kräfte zu decken. Für Verpflegung, Unterkunft und Bekleidung der Arbeitskräfte, Tilgung der durch die Investierung entstandenen Kosten und für die Deckung der Unkosten für die im Lager eingesetzten Kräfte der SS zahlt Herr Többens pro Tag 4,– Zloty für die weibliche und 5,– Zloty für die männliche Kraft an die SS. Sollte sich herausstellen, daß diese Sätze untragbar sind, wird über Neufestsetzung verhandelt. Der Beginn der Zahlungen erfolgt drei Wochen nach Ablauf des ersten Transportzuges.

§ 7

Herr Többens ist berechtigt, zum Zwecke der Leistungssteigerung für die von ihm bestimmten Kräfte größere Verpflegungsrationen und bessere Unterkünfte zu verlangen.

§ 8

Für den Bahnhof Naleszow wird von der Lagerleitung ein Arbeitskommando zur Umladung der ankommenden und herausgehenden Waren von der Normalbahn auf die Kleinbahn und umgekehrt abgestellt. Die Unterbringung und Verpflegung des Arbeitskommandos erfolgt an Ort und Stelle. Die Lagerführung stellt auch ein Wachkommando dazu und sorgt vor allem dafür, daß bei den Umladungen keine Waren abhanden kommen.

§ 9

In das Arbeitslager Poniatowa werden laufend arische fremdvölkische Arbeitskräfte eingeliefert. Herr Többens verpflichtet sich, auch diese Arbeitskräfte entweder im Rahmen ihrer erlernten Berufe oder aber in anderen Tätigkeiten zu beschäftigen und der Produktion nützlich zu machen. Sie sind ebenfalls Zwangsarbeiter, jedoch gesondert von den jüdischen unterzubringen und werden einer strengeren Bewachung durch die SS unterworfen.

§ 10

Die Instandhaltung der Gebäude, Wege und der Einfriedung ist Sache der SS. Bei Umbauten größeren Umfanges ist über die Kostenfrage noch zu verhandeln. Die Instandhaltung der zum Betrieb gehörenden Maschinen obliegt Herrn Többens.

§ 11

Herr Többens ist berechtigt, folgende Firmenbezeichnung zu führen: ›Werke Poniatowa GmbH im SS-Arbeitslager Poniatowa‹.

§ 12

Dieser Vertrag wird abgeschlossen für die Dauer des derzeitigen Krieges. Über eine Fortführung des Betriebes darüber hinaus wäre zu gegebener Zeit noch zu verhandeln.

Walter C. Többens O. Globocnik«

So hatte sich Himmler den »KL-Großbetrieb im Osten des Generalgouvernements« nicht gedacht, als er diktiert hatte: »Die Wehrmacht soll ihre Bestellungen an uns geben, und wir garantieren ihr den Fortgang der Lieferungen für die von ihr gewünschten Bekleidungsstücke.« Es sollte ein SS-Betrieb werden, und nun wird es doch wieder die Privatfirma von Herrn Többens, der »alle Rechnungsbeträge vereinnahmt«. Zahlen muß nur die SS, nämlich Wege und Straßen und den Bahnhof und die Gebäude: »Die SS-Lagerführung veranlaßt die Ausführung und trägt auch die Kosten dafür.«

Einen ähnlichen Vertrag schließt Odilo Globocnik eine Woche später am 8. Februar 1943 mit Herrn Fritz Schultz. Dessen neue Wirkungsstätte liegt nun in Trawniki, und auch er »vereinnahmt alle Rechnungsbeträge für die Produktion« und zahlt der SS für die jüdischen Frauen vier Zloty, für die Männer fünf Zloty Leihgebühr pro Tag.

Der letzte Kampf beginnt

Poniatowa liegt genausoweit westlich von Lublin wie Trawniki östlich. In der Mitte steht das Vernichtungslager Majdanek. Das ist das eigentliche Ziel dieser umgesiedelten Juden. Denn der letzte Satz von Himmlers Befehl ist blutig ernst gemeint: »Auch dort sollen eines Tages dem Wunsche des Führers entsprechend die Juden verschwinden.«

Das haben die meisten nun auch erkannt. Der Widerstand gegen die Umsiedlung von Warschau nach Poniatowa und nach Trawniki wird immer stärker. Nur wenige melden sich freiwillig. 292 fahren mit dem ersten Aussiedlungszug am 16. Februar 1943 von Warschau nach Trawniki.

Betrugsmanöver habt Ihr genug erlebt

Der durchsetzungsfähige Walter Caspar Többens wird am 12. März 1943 vom SS- und Polizeiführer in Lublin, Odilo Globocnik, zum »Bevollmächtigten für die Verlegung der Betriebe im jüdischen Wohnbezirk Warschau« ernannt: Ein Privatmann und Fabrikant mit Staatsfunktion. Der rücksichtsloseste unter den Ausbeutern wird nun ihr Vorgesetzter.

Zwei Tage später, in der Nacht vom 14. auf den 15. März 1943, kleben die Kommandos der jüdischen Kampforganisation in Warschau Aufrufe im Getto: Sie warnen davor, sich freiwillig nach Poniatowa und Trawniki aussiedeln zu lassen. Dort warte auf die Deportierten nichts als der Tod.

Fünf Tage später erläßt Többens einen Aufruf »An die jüdischen Rüstungsarbeiter des jüdischen Wohnbezirks«. Er erklärt:

»Ich stelle fest, daß:

1. von einer Aussiedlungsaktion überhaupt nie eine Rede gewesen ist,

2. weder Herr Schultz noch ich sind mit dem Revolver bedroht worden, die Aktion durchzuführen,

3. stelle ich fest, daß der letzte Umzug nicht mißlungen ist.

Es ist bedauerlich, daß die Rüstungsarbeiter der Firma Schultz den gutgemeinten Ratschlägen von Herrn Schultz nicht gefolgt sind. Ich bedaure deshalb, daß ich eingreifen mußte und eine Werkstatt verlegen mußte, um die Transportmöglichkeiten auszunutzen.

Es ist angeordnet, daß die Namen der Arbeiter, die in Trawniki ankommen, sofort festgestellt werden und daß sämtliches Gepäck denen nachgeschickt wird.

Eine üble Verhetzung der Rüstungsarbeiter und gemeinste Lüge ist, zu behaupten, daß die Begleiter des zweiten Trans-

ports aus der Prosta nach Poniatowa nicht wissen, was mit dem Transport geschehen ist. Die Begleiter sind alle wohl behalten hier, haben den Zug abgefertigt und sind außerdem in der Zwischenzeit mit Lastwagen viele Male zusammen mit Arbeitern und Meistern von Poniatowa hier gewesen, um Material zu befördern und so weiter.
Die Bagage von der Prosta ist nicht abgegangen und liegt in Verwaltung des Juden Ing. Lipszyc und ist dieser sicherlich bereit, jederzeit Auskunft darüber zu geben. Die Bagage geht mit dem nächsten Transport nach Poniatowa. In Trawniki und Poniatowa hat jeder Arbeiter sein gesamtes Gepäck und sein gesamtes Eigentum bekommen und erhalten.
Jüdische Rüstungsarbeiter! Glaubt nicht denen, die Euch irreführen wollen. Sie wollen Euch verhetzen, damit dann die Folgen eintreten, die unvermeidlich sind.
In den ›Schron's‹* ist keine Sicherheit und kein Leben möglich, ebensowenig wie im arischen Teil. Allein die Ungewißheit wird den an Arbeit gewöhnten Rüstungsarbeiter vollkommen zermürben.
Ich frage Euch, weshalb kommen selbst reiche Juden aus dem arischen Teil zu mir, um mich zu bitten mitzugehen; diese haben Geld genug, um im arischen Teil zu leben, aber sie ertragen es nicht.
Mit voller Überzeugung kann ich Ihnen nun immer wieder raten: Fahrt nach Trawniki, fahrt nach Poniatowa, denn dort sind Lebensmöglichkeiten und dort werdet Ihr den Krieg überdauern!
Das Kommando der Kampforganisation hilft Euch nicht und gibt nur leere Versprechungen. Man wird Euch in den Bunkern für viel Geld einen Platz verkaufen und dann wieder auf die Straße jagen und Euch Eurem Schicksal überlassen.
Betrugsmanöver habt Ihr selbst genug erlebt!

---

* Schrons waren Bunker und Gänge unter den Häusern und Straßen des Gettos mit Verbindung zur Kanalisation.

Glaubt nur den deutschen Betriebsführern, sie wollen mit Euch zusammen die Produktion in Poniatowa und Trawniki durchführen. Nehmt Eure Frauen und Kinder mit, denn auch für sie ist gesorgt!

Walter C. Többens
als Bevollmächtigter
für die Verlegung der Betriebe
im jüdischen Wohnbezirk Warschau
Warschau, den 20. März 1943.«

Der Fabrikant Fritz Schultz notiert in seinem Bericht »Umzug nach Trawniki«: »Es ist wieder der Befehl an mich ergangen, mit 1500 Angehörigen meines Betriebes nach Trawniki umzuziehen. Ein genauer Termin ist noch nicht genannt, jedoch erwarte ich den Abruf für die allernächsten Tage. In einer Ansprache an meine Leute bringe ich dies klar zum Ausdruck und rede ihnen nochmals zu, vernünftig zu sein und in ihrem eigenen Interesse dieser Aufforderung willig und vor allem vollzählig Folge zu leisten. [...] Später aber machen sich wieder die Sitten der Gewissenlosen breit, die den Leuten erklären, daß die von mir angesagte Kontrolle praktisch undurchführbar ist und daß ihnen gar nichts geschehen könne, wenn sie sich registrieren ließen und dennoch nicht mitgingen; dafür würde aber der Essensbezug doch sichergestellt sein, denn gegen Vorweisung der Registrierungsnummer würde das Essen ja ausgegeben. [...] Im Laufe des Tages gewinne ich jedoch immer mehr den Eindruck, daß die von mir geforderte Zahl von 1500 Personen aus den von mir ausgesuchten Betrieben nicht zusammen kommen wird.«

Zum erstenmal schießen die Juden. Ein jüdischer Tischlermeister der Firma Schultz namens Blumstejn wird, offenbar wegen Zusammenarbeit mit den Nazis, erschossen. An seiner Leiche befestigen die Widerstandskämpfer ein »Todesurteil«. Am 16. April 1943, als abends gegen sieben Uhr vor dem Hause Nowolipie Nummer 50 Speditionsarbeiter »Umzugsgut« der Firma Schultz nach Trawniki verladen, wird ein zweiter Mann erschossen. Wieder wird an seinem Körper ein »Todesurteil« angebracht.

Das Getto stirbt

Die Juden lassen sich nicht widerstandslos in den Tod transportieren. Am 19. April 1943 schießen sie wieder. Die Polizei- und SS-Truppen, die ins Getto eindringen wollen, müssen sich zurückziehen. Der Aufstand beginnt. Zu seiner Bekämpfung wird der SS-Brigadeführer und Generalmajor der Polizei, Jürgen Stroop, nach Warschau befohlen. Er gibt seinem Abschlußbericht am 16. Mai 1943 in gotischen Lettern den Titel: »Es gibt keinen jüdischen Wohnbezirk in Warschau mehr!« Auszüge:

»Im Januar 1943 wurde vom Reichsführer-SS anläßlich seines Besuches in Warschau dem SS- und Polizeiführer im Distrikt Warschau der Befehl erteilt, die im Getto untergebrachten Rüstungs- und wehrwirtschaftlichen Betriebe mit Arbeitskräften und Maschinen nach Lublin zu verlagern. Die Durchführung dieses Befehls gestaltete sich recht schwierig, da sowohl die Betriebsführer als auch die Juden dieser Verlagerung sich in jeder denkbaren Weise widersetzten. Der SS- und Polizeiführer entschloß sich deshalb, durch eine für drei Tage vorgesehene Großaktion die Verlagerung der Betriebe zwangsweise durchzuführen. Die Vorbereitungen und der Einsatzbefehl für diese Großaktion waren von meinem Vorgänger getroffen worden. Ich selbst traf am 17. April 1943 in Warschau ein und übernahm die Führung der Großaktion am 19. April 1943 um 8.00 Uhr, nachdem die Aktion selbst schon um 6.00 Uhr an diesem Tage begonnen hatte.

Vor dem Beginn der Großaktion waren die Grenzen des ehemaligen jüdischen Wohnbezirkes durch eine äußere Absperrung abgeriegelt, um einen Ausbruch der Juden zu vermeiden. Diese Absperrung bestand fortlaufend vom Beginn bis zum Ende der Aktion und war nachts noch besonders verstärkt.

Beim ersten Eindringen in das Getto gelang es den Juden und den polnischen Banditen, durch einen vorbereiteten Feuerüberfall die angesetzten Kräfte einschließlich Panzer- und Schützenpanzerwagen zurückzuschlagen. Bei dem zweiten Einsatz, etwa gegen 8.00 Uhr, setzte ich die Kräfte getrennt durch bekanntgegebene Gefechtsstreifen truppenmäßig zur Durchkämmung des gesamten Gettos an. Trotz Wiederholung des Feuerüberfalls gelang es jetzt, die Gebäudekomplexe planmäßig zu durchkämmen. Der Gegner wurde gezwungen, sich von den Dächern und höher gelegenen Stützpunkten in die Keller, Bunker und Kanäle zurückzuziehen. Um ein Entweichen in die Kanalisation zu verhindern, wurde alsbald das Kanalnetz unterhalb des jüdischen Wohnbezirkes mit Wasser angestaut, was aber von den Juden zum größten Teil durch Sprengungen von Absperrschiebern illusorisch gemacht wurde. Am Abend des ersten Tages wurde auf größeren Widerstand gestoßen, der aber von einer besonders angesetzten Kampfgruppe rasch gebrochen werden konnte. Beim weiteren Einsatz gelang es, die Juden aus ihren eingerichteten Widerstandsnestern, Schützenlöchern und so weiter zu vertreiben und im Laufe des 20. und 21. April den größten Teil des sogenannten Restgettos soweit in die Hand zu bekommen, daß von einem größeren erheblichen Widerstand innerhalb dieser Gebäudekomplexe nicht mehr gesprochen werden konnte.«

Aber die Kämpfe ziehen sich viel länger hin, als der General Stroop gedacht hatte.

»Schon bald nach den ersten Tagen erkannte ich, daß der ursprünglich vorgesehene Plan nicht zur Durchführung zu bringen war, wenn die überall im Getto verteilt liegenden Rüstungs- und Wehrwirtschaftsbetriebe nicht aufgelöst würden. Es war deshalb notwendig, diese Betriebe unter Ansetzung eines angemessenen Termins zur Räumung und sofortigen Verlagerung aufzufordern. So wurde ein Betrieb nach dem andern behandelt und dadurch in kürzester Frist erreicht, daß die den Juden und Banditen sich bietende Möglichkeit, immer wieder in diese von der Wehrmacht betreuten Betriebe hinüberzuwechseln, genommen wurde. Um entscheiden zu können, in welcher Zeit diese Betriebe geräumt werden konnten, waren eingehende Besichtigungen notwendig. Die bei diesen Besichtigungen festgestellten Zustände sind unbeschreiblich. Ich kann mir nicht vorstellen, daß irgendwo ein größerer Wirrwarr bestanden haben kann als in dem Warschauer Getto. Die Juden hatten alles in ihren Händen, von chemischen Mitteln zur Anfertigung von Sprengstoffen angefangen bis zu Bekleidungs- und Ausrüstungsstücken der Wehrmacht. Die Betriebsführer hatten in ihren Betrieben so wenig Übersicht, daß es den Juden möglich war, innerhalb dieser Betriebe Kampfmittel aller Art, insbesondere Wurfgranaten und Molotow-Cocktails und so weiter herzustellen.«

Die Juden führten ein herrliches Leben

»Die Betriebsführer dieser Betriebe, die meistens von einem Offizier der Wehrmacht noch betreut wurden, waren fast in allen Fällen nicht in der Lage, konkrete Angaben über die Bestände und den Ort der Lagerung dieser Bestände zu machen. Die von ihnen gemachten Angaben über die Zahl der bei ihnen beschäftigten Juden stimmten in keinem Fall. Es mußte immer wieder festgestellt werden, daß in diesen Häuserlabyrinthen, die als Wohnblocks zu den Rüstungsbetrieben gehörten, reiche Juden unter dem Deckmantel eines Rüstungsarbeiters mit ihren Familien Unterkunft gefunden hatten und dort ein herrliches Leben führten.«

Auch nach der Eroberung und Räumung der Häuser kämpfen die Juden weiter.

»Es zeigte sich, daß sich die Juden in den Kanälen und besonders eingerichteten Bunkern versteckt hielten. Wenn in den ersten

Tagen angenommen worden war, daß nur vereinzelt Bunker vorhanden seien, so zeigte sich doch im Laufe der Großaktion, daß das ganze Getto systematisch mit Kellern, Bunkern und Gängen versehen war. Diese Gänge und Bunker hatten in allen Fällen Zugänge zu der Kanalisation. Dadurch war ein ungestörter Verkehr unter der Erde zwischen den Juden möglich. Dieses Kanalnetz benutzten die Juden auch dazu, um unter der Erde in den arischen Teil der Stadt Warschau zu entkommen. Laufend trafen Meldungen ein, daß Juden sich durch die Kanallöcher zu entziehen versuchten. Unter dem Vorwand, Luftschutzkeller zu bauen, wurden seit dem Spätherbst 1942 in diesem ehemaligen jüdischen Wohnbezirk die Bunker errichtet. Sie sollten dazu dienen, sämtliche Juden bei der schon lange vermuteten neuen Umsiedlung aufzunehmen und von hier aus den Widerstand gegen die Einsatzkräfte zu organisieren. Durch Maueranschläge, Flugzettel und Flüsterpropaganda hatte die kommunistische Widerstandsbewegung im ehemaligen jüdischen Wohnbezirk auch erreicht, daß mit Beginn der neuen Großaktion die Bunker sofort bezogen wurden. Wie vorsorglich die Juden gearbeitet hatten, beweist die in vielen Fällen festgestellte geschickte Anlage der Bunker mit Wohneinrichtungen für ganze Familien, Wasch- und Badeeinrichtungen, Toilettenanlagen, Waffen- und Munitionskammern und großen Lebensmittelvorräten für mehrere Monate. Es gab besondere Bunker für arme und reiche Juden. Das Auffinden der einzelnen Bunker durch die Einsatzkräfte war infolge der Tarnung außerordentlich schwierig und in vielen Fällen nur durch Verrat seitens der Juden möglich.

Schon nach den ersten Tagen stand fest, daß die Juden keinesfalls mehr an eine freiwillige Umsiedlung dachten, sondern gewillt waren, sich mit allen Möglichkeiten und den ihnen zur Verfügung stehenden Waffen zur Wehr zu setzen. Es hatten sich unter polnisch-bolschewistischer Führung sogenannte Kampfgruppen gebildet, die bewaffnet waren und für die ihnen greifbaren Waffen jeden geforderten Preis zahlten. [...] Bei dem bewaffneten Widerstand waren die zu den Kampfgruppen gehörenden

Weiber in gleicher Weise wie die Männer bewaffnet und zum Teil Angehörige der Haluzzenbewegung.«

Stroop meint die zionistische Jugendbewegung Hechaluz, in der junge Leute für die spätere Siedlung in den Kibbuzim in Palästina ausgebildet wurden.

»Es war keine Seltenheit, daß diese Weiber aus beiden Händen mit Pistolen feuerten. Immer wieder kam es vor, daß sie Pistolen und Handgranaten (polnische Eierhandgranaten) bis zum letzten Moment in ihren Schlüpfern verborgen hielten, um sie dann gegen die Männer der Waffen-SS, Polizei und Wehrmacht anzuwenden.«

Das Getto wird abgebrannt

Trotz aller Waffen kann der Waffen-SS-General die Juden nicht aus den Verstecken treiben. Deshalb zündet er die Häuser an.

»Es wurde systematisch ein Betrieb nach dem anderen geräumt und anschließend durch Feuer vernichtet. Fast immer kamen dann die Juden aus ihren Verstecken und Bunkern heraus. Es war nicht selten, daß die Juden in den brennenden Häusern sich solange aufhielten, bis sie es wegen der Hitze und aus Angst vor dem Verbrennungstod vorzogen, aus den Stockwerken herauszuspringen, nachdem sie vorher Matratzen und andere Polstersachen aus den brennenden Häusern auf die Straßen geworfen hatten. Mit gebrochenen Knochen versuchten sie dann noch über die Straße in Häuserblocks zu kriechen, die noch nicht oder nur teilweise in Flammen standen. [...] Auch der Aufenthalt in den Kanälen war schon nach den ersten acht Tagen kein angenehmer mehr. [...] Immer wieder mußten Nebelkerzen in Anwendung gebracht werden, um die Juden herauszutreiben. [...] Zahlreiche Juden, die nicht gezählt werden konnten, wurden in Kanälen und Bunkern durch Sprengungen erledigt. [...] Es ist festzustellen, daß auch die Pioniere der Wehrmacht die von ihnen vorgenommenen Sprengungen von Bunkern, Kanälen und Betonhäusern in unermüdlicher einsatzfreudiger Arbeit vollbrachten. [...] Nur durch den ununterbrochenen und unermüdlichen Einsatz sämtlicher Kräfte ist es gelungen, insgesamt 56065 Juden zu erfassen beziehungsweise nachweislich zu vernichten. Dieser Zahl hinzuzusetzen sind noch die Juden, die durch Sprengungen, Brände und so weiter ums Leben gekommen, aber zahlenmäßig nicht erfaßt werden konnten. [...] Der polnischen Polizei wurde genehmigt, jedem polnischen Polizisten im Falle der Festnahme eines Juden im arischen Teil der Stadt Warschau ein Drittel des Barvermögen des betreffenden Juden auszuhändigen. Diese Maßnahme hat bereits Erfolge aufgewiesen. Die polnische Bevölkerung hat die gegen die Juden durchgeführten Maßnahmen im Großen und Ganzen begrüßt. [...] Die Großaktion wurde am 16. Mai 1943 mit der Sprengung der Warschauer Synagoge um 20.15 Uhr beendet. Nunmehr befindet sich in dem ehemaligen jüdischen Wohnbezirk kein Betrieb mehr. Es ist alles, was an Werten, Rohstoffen und Maschinen vorhanden war, abtransportiert und verlagert worden.«

Der SS-General Stroop beschwert sich während des Warschauer Aufstandes immer wieder, daß die deutschen Betriebsinhaber sich gegen die Umsiedlung nach Poniatowa und Trawniki sperren. In einem Tagesbericht vom 29. April 1943 beklagt er sich:

»Die Räumung einiger Rüstungsbetriebe geht nur langsam vor sich. In manchen Fällen hat es den Anschein, als geschieht dies absichtlich. So habe ich festgestellt, daß in einem Betrieb (Schultz & Co.), den ich am 2. Osterfeiertag besichtigte und daraufhin die Anweisung gab, sofort mit der Räumung zu beginnen, und zwar innerhalb drei Tagen, bis heute, Donnerstag, noch nichts geschehen war.«

Und bereits am 24. April: »Nach Rückkehr der Stoßtrupps wurde heute gegen Abend ein besonderer Häuserblock im nordöstlichen Teil des ehemaligen Gettos angepackt. In diesem Häuserlabyrinth befand sich eine sogenannte Rüstungsfirma, die angeblich Millionenwerte in Wehrmachtsgut zum Verarbeiten und Lagern haben sollte. Ich hatte der Wehrmacht am 23. April 1943 gegen 21.00 Uhr Kenntnis von meiner Absicht gegeben mit dem Ersuchen, das Wehrmachtsgut bis 12.00 Uhr abzufahren. Da die Wehrmacht erst gegen 10.00 Uhr mit der Abfahrt begann, mußte ich eine Verlängerung bis 18.00 Uhr einräumen. Um 18.15 Uhr trat die Durchsuchungskampfgruppe nach Abriegelung in die Gebäude ein und stellte die Anwesenheit einer großen Anzahl von Juden fest. Da diese Juden zum Teil Widerstand leisteten, gab ich den Befehl zum Ausbrennen. Erst nachdem der Straßenzug und zu beiden Seiten sämtliche Höfe in hellen Flammen standen, kamen die Juden zum Teil brennend aus den Häuserblocks hervor beziehungsweise versuchten, sich durch einen Sprung aus den Fenstern und Balkonen auf die Straße, auf die sie vorher Betten, Decken und sonstige Teile geworfen hatten, zu retten. Immer wieder konnte man beobachten, daß trotz der großen Feuersnot Juden und Banditen es vorzogen, lieber wieder ins Feuer zurückzugehen, als in unsere Hände zu fallen.«

Aus den Többens-Werkstätten haben die jüdischen Kampfgruppen offenbar Wehrmachtskleidung erhalten. Stroop am 27. April 1943 über seine Beute: Unter anderem »eine ganze Anzahl deutscher Uniformstücke und -mäntel, die sogar mit dem Band der Ostmedaille versehen waren. [...] Der Führer des Stoßtrupps hatte es wegen der Verkleidung der Banditen in deutscher Uniform außerordentlich schwer.« Auch am 30. April »wurden heute wieder Waffen und insbesondere deutsche Uniformstücke bei den Juden erbeutet«.

Am 4. Mai 1943: »Zur Durchkämmung, Säuberung und Vernichtung zweier großer Häuserblocks der ehemaligen Firmen Többens, Schultz & Co. u. a. wurden die Hauptkräfte gegen 11.00

Uhr angesetzt. Nachdem diese Blocks vollkommen abgeriegelt waren, wurden zunächst die sich noch darin befindenden Juden zur freiwilligen Meldung aufgefordert. Hierdurch wurden 456 Juden zur Verlagerung erfaßt. Erst nachdem die Häuserblocks durch Feuer der Vernichtung entgegengingen, kamen eine erhebliche Zahl von Juden durch das Feuer und den Rauch gezwungen zum Vorschein. Immer wieder versuchten die Juden, selbst durch brennende Gebäude hindurchzuwechseln. Ungezählte Juden, die sich während der Feuersbrunst auf den Dächern zeigten, sind in den Flammen umgekommen. Andere kamen erst im letzten Augenblick in den höchsten Stockwerken zum Vorschein und konnten sich nur durch Abspringen vor dem Verbrennungstod retten.«

Immer noch arbeitet, trotz des Aufstandes, ein Teil der Többens-Betriebe weiter, in der Prosta-Straße. Stroop berichtet am 5. Mai 1943: »Aus einem noch bestehenden Betrieb (sogenannte Prosta) wurden 2 800 Juden zur Umlagerung erfaßt.« Und am nächsten Tag, dem 6. Mai 1943: »Das ehemalige Zwerggetto Prosta wurde heute durch Durchkämmungsstoßtrupps durchsucht. Es gelang die Erfassung von zurückgebliebenen Juden. Der Firma Többens wurde aufgegeben, dieses Zwerggetto bis zum 10. Mai 1943, mittags, zu räumen. Zur vorläufigen Lagerung der Rohstoffe und so weiter wurde die sogenannte Bibliothek außerhalb des Gettos zur Verfügung gestellt.«

Wieder vier Tage später, am 10. Mai, muß Stroop erleben, daß unter den Többens-Betrieben immer noch ein jüdisches Widerstandsnest ist: »Heute um 9.00 Uhr fuhr ein Lkw an einem Siel der Kanalisation in der sogenannten Prosta vor. Ein Insasse dieses Lkw brachte zwei Handgranaten zur Entzündung, die das Zeichen für die sich im Kanal bereithaltenden Banditen war, um aus dem Siel hervorzuklettern. Die Banditen und Juden – es befinden sich darunter auch immer wieder polnische Banditen, die mit Karabinern, Handfeuerwaffen und einem lMG (leichtes Maschinengewehr, G. S.) bewaffnet waren – bestiegen den Lkw und fuhren in unbekannter Richtung davon. Der letzte Mann dieser

Bande, der Wache am Kanal hatte und den Auftrag, den Deckel der Kanalöffnung zu schließen, wurde gefangen. Von diesem stammen die vorstehend gemachten Angaben. Er erklärte, daß der größte Teil der Bande, die in einzelne Kampfgruppen aufgeteilt war, entweder im Kampf erschossen oder sich selbst wegen der Aussichtslosigkeit des Kampfes getötet hat. Die angesetzte Fahndung nach dem Lkw ist bisher ergebnislos verlaufen. Die Banditen sagten weiter aus, daß die Prosta, nachdem der Boden im ehemaligen Getto zu heiß wurde, der Zufluchtsort für die noch vorhandenen Juden ist. Ich habe mich aus diesem Grunde entschlossen, mit der Prosta wie mit dem Getto zu verfahren und dieses Zwerggetto zu vernichten.«

Das geschieht am 12. Mai 1943: »Weiter wurde heute das Zwerggetto Prosta verstärkt abgeriegelt und durch Feuer vernichtet. Es sind wahrscheinlich eine größere Zahl von Juden in den Flammen umgekommen. Da das Feuer vor Eintritt der Dunkelheit noch nicht niedergebrannt war, konnten genaue Feststellungen in dieser Hinsicht nicht getroffen werden. Ein Betonhaus in der Prosta, aus dem Juden hervorgeholt wurden, wurde, um es für spätere Benutzung als Stützpunkt von Banditen unbrauchbar zu machen, durch Sprengung vernichtet.«

Ich kann nicht weiterleben

Nicht nur in den Häusern und den Kellern des Gettos haben Juden in diesen Tagen Selbstmord begangen. Am 12. Mai 1943 bringt sich in London ein Jude um: Szmul Zygelboim. Er war im Dezember 1939 aus Polen entkommen und wollte von England aus gegen die Faschisten kämpfen. Nun, nachdem die freie Welt dem Tod seiner Schwestern und Brüder im Getto so apathisch zugesehen hatte, sah auch er keinen Sinn mehr, weiterzuleben.

Die Historikerin Susanne Miller, die damals ebenfalls nach London emigriert war und ihn gut kannte, hat ihm in dem Buch »Die Vergangenheit mahnt« ein Denkmal gesetzt, in dem sie seinen Abschiedsbrief abdruckte. Auch hier soll seiner gedacht werden. Sein Brief ist an Wladislaw Raczkiewicz, den Präsidenten der polnischen Exilregierung in London und an deren Premierminister Wladislaw Sikorski gerichtet:

»Ich erlaube mir, meine letzten Worte an Sie zu richten und über Sie gleichzeitig auch an die polnische Regierung, das polnische Volk und alle Völker der verbündeten Nationen sowie an das Gewissen der ganzen Welt. Die letzten Nachrichten aus Polen lassen deutlich erkennen, daß die Deutschen offenbar entschlossen sind, auch die letzten noch lebenden Juden in Polen mit grausamer Brutalität auszurotten. Hinter den Mauern des Warschauer Gettos rollt jetzt der letzte Akt einer Tragödie ab, die in der Geschichte ohne Beispiel ist. Gewiß tragen die Mörder im Grunde genommen selbst die Verantwortung für die Ausrottung des gesamten polnischen Judentums; indirekt aber erstreckt sich diese Verantwortung auch auf die übrige Menschheit, auf die Völker und Regierungen der Alliierten, denn sie haben nicht einmal den Versuch unternommen, solche Verbrechen zu verhindern oder ihnen ein Ende zu bereiten. Indem sie unbeteiligt zuschauten, wie hilflose Millionen gemarterter Kinder, Frauen und Männer ermordet wurden, haben sich diese Nationen auf die gleiche Stufe mit den Verbrechern gestellt.

Ich möchte hier feststellen, daß die polnische Regierung nicht nachdrücklich genug eingriff, wenn sie auch versuchte, die öffentliche Meinung wachzurütteln. Verglichen mit dem Drama jedoch, das sich in Polen abspielte, standen diese Schritte in keinem Verhältnis. Einem Bericht des Führers der Untergrundbewegung ›Bund‹ (das Schreiben wurde durch Kurier übermittelt) ist zu entnehmen, daß von

dreieinhalb Millionen polnischen Juden und 700 000 aus anderen Ländern nach Polen verschleppten Juden im April 1943 lediglich noch 300 000 Seelen am Leben waren.
Ich kann das nicht stillschweigend hinnehmen. Ich kann aber auch nicht weiterleben, wenn dort noch der Rest des polnischen Judentums, zu dem zu gehören auch ich die Ehre habe, umkommt. Mit der Waffe in der Hand starben meine Freunde im letzten heldenhaften Kampf des Warschauer Gettos. Mein Schicksal hat es nicht gewollt, daß ich mit ihnen gemeinsam sterbe. Doch auch ich gehöre zu ihnen in die Massengräber. Durch meinen Tod möchte ich zum letztenmal gegen jene Passivität protestieren, mit der die ganze Welt zusieht und es zuläßt, wie das jüdische Volk ausgerottet wird. Wie wenig ein Menschenleben heute gilt, weiß ich selbst. Lebend vermochte ich nicht viel zu wirken. Ich hoffe jedoch, daß mein Tod vielleicht dazu beitragen wird, jene aus ihrer Lethargie wachzurütteln, die selbst jetzt – im letzten Augenblick noch – vermöchten, die wenigen noch in Polen am Leben gebliebenen Juden zu retten.
Mein Leben gehört der jüdischen Bevölkerung Polens. Deshalb gebe ich es ihr auch hin. Möge jene Handvoll polnischer Juden, die von Millionen übrig blieb, gemeinsam mit dem polnischen Volk die Befreiung erleben, die Polen in eine freie Welt des Sozialismus, in eine Welt der Gerechtigkeit verwandeln wird.
Ich glaube fest daran, daß so ein Polen sich aus der Unterdrückung erhebt und eine solche Welt entsteht. Der Präsident und auch der Premierminister werden meine Worte jenen ausrichten, für die sie bestimmt sind. Davon bin ich überzeugt. Ebenso weiß ich, daß die polnische Regierung jeden nur möglichen Schritt unternimmt, um den noch lebenden polnischen Juden zu helfen.
Ich nehme Abschied von allem und jedem, was mir einmal teuer war und was ich einst geliebt habe.

11. Mai 1943, Szmul Zygelboim«

Többens macht weiter

In Deportationszügen werden mehr als 10 000 Többens-Arbeiter aus Warschau nach Poniatowa gebracht. Hier war einmal ein Kriegsgefangenenlager. 22 000 Rotarmisten hungerten hier. Sie wurden alle umgebracht. Auf diesem blutigen Boden beginnt Többens mit seiner ausgelagerten Produktion von Wehrmacht-Uniformen. Es sind 15 000 Menschen, die nun in fünf großen Produktionsstätten für die Firma »Werke Poniatowa GmbH im SS-Arbeitslager Poniatowa« arbeiten müssen. Auf seinem Firmenpapier stehen unter dem Namen »Werke Poniatowa« die drei Buchstaben »W. C. T.«. Aber nur sehr klein gedruckt, damit es Himmler nicht auffällt, daß dies kein SS-Betrieb geworden ist, sondern immer noch ein Privatbetrieb: Walter Caspar Többens.

Wo ihnen der Firmenbesitzer ausreichenden Wohnraum und gute Unterkünfte versprochen hat, da werden die Juden in eine kahle Werkshalle von riesenhaftem Ausmaß gesperrt. 11 500 Menschen in einer Fabrikhalle. Ihre Möbel sind verloren, ihre Koffer erhalten sie nicht. Többens bereichert sich weiter.

In anderen Hallen wird produziert. Die Juden werden angeschrien und geschlagen. Die Többens-Direktoren Bauch und Jahn laufen nur mit Reitpeitschen herum. Sie schlagen beim geringsten Anlaß. Auch wenn Többens selbst kommt, trägt er eine Peitsche.

Die Produktion ist gewaltig: Der Tagesbericht für den 23. August 1943 weist aus, daß in Poniatowa 61 221 Drillichblusen hergestellt wurden, 11 055 Jagdfliegerblusen, 410 Tuchfeldblusen, 115 150 Hemden und 50 000 Tuchmäntel.

Schreiben des Elektrikers Krysztal Lejzor an den »Hochwohlgeborenen Herrn W. C. Többens, Poniatowa« vom 28. Juni 1943:

> »Mein Schwiegervater Chamsch Dulman hat in der mechanischen Werkstätte Leszno 60 gearbeitet. Mit dem letzten Transport aus Warschau sollte er nach hierherkommen,

jedoch ist der Zug nach Lublin eingetroffen und mein Vater ist dort zurückgeblieben. Da meine Frau das einzige Kind ist und hat den herzlichen Wunsch mit ihrem Vater zusammen zu sein, erlaube ich mir den Herrn Chef mit der höflichen Bitte zu belästigen, und meinen Vater, der jetzt vom Flugplatz Lublin nach Dorohnaze bei Trawniki abtransportiert, zu reklamieren und beeinflussen zu wollen, daß er nach Poniatowa herkommen kann.

Lejzor Krysztal«

Karte des Kriegsgefangenen Dr. Feliks Berzynski, Gefangenennummer 16 404, Kriegsgefangenenlager Murnau (Oberbayern) an die Firma Walter C. Többens, Poniatowa Post Opole, Distrikt Lublin, Generalgouvernement, vom 9. August 1943:

»Geehrte Herren!

Am 30. Juli schrieb ich an Sie mit der Bitte, mir näheres über meine Frau, Vater und Bruder, die sich dort befinden sollen, mitteilen zu wollen. Ich glaube von Ihnen Antwort in diesen Tagen zu bekommen. Ich bitte die Antwort-Postkarte meiner Frau beziehungsweise Vater oder Bruder auszuhändigen, um denen die Möglichkeit zu geben den Briefkontakt mit mir wieder anzuknüpfen. Mir liegt nur sehr daran eine Nachricht von meinen Angehörigen oder von Ihnen zu erhalten.

Hochachtungsvoll Feliks Berzynski«

Antwort hat er nie erhalten.

Erntefest

Die Arbeiter müssen Luftschutzgräben ausheben. Sie werden im Zickzack angelegt. Keiner schöpft Verdacht. Um fünf Uhr am Morgen des 3. November 1943 ist das Lager Poniatowa von starken Verbänden umstellt. Ebenso das Lager Trawniki mit den Schultz-Betrieben. Ebenso das Vernichtungslager Majdanek. Die Aktion »Erntefest« beginnt. Das Kommando hat der SS- und Polizeiführer Sporrenberg. Aus dem gesamten Gebiet Lublin, aus Krakau, Radom und Warschau sind SS-Truppen und Polizeiverbände angerückt. Eine Stunde später beginnen die Erschießungen in den Gräben.

In Poniatowa werden alle Juden in einer der großen Hallen zusammengetrieben. In Gruppen von 50 müssen sie sich ausziehen, ihr Geld und andere Wertsachen in Körbe legen. Dann müssen sie die Arme heben und zu den Luftschutzgräben gehen, über die blutigen, glitschigen Körper der schon Erschossenen. Dort werden sie dann mit Karabinerfeuer ermordet.

Am Abend sind 15 000 Menschen tot. Die Gräben werden zugeschaufelt. An manchen Stellen hebt und senkt sich die Erde noch.

Was hat Walter Caspar Többens an diesem Tage getan? Er hat zugesehen, genau wie sein Direktor Bauch. Hat er nicht versucht, das Leben seiner Arbeiterinnen und Arbeiter und deren Kinder zu retten? Bauch sagt später aus, er habe sich um die Sicherung der Maschinen gekümmert.

Zehn Tage später, am 13. November 1943, hat Többens schon wieder neue Pläne. Mit seinem Konkurrenten Fritz Schultz nimmt er an einer Besprechung des Rüstungskommandos Warschau teil. Im Tagebuch des Oberst Freter steht: »Besprechung beim Kommandeur wegen der Firmen Többens und Schultz & Co. in Anwesenheit des Abteilungsleiters Verwaltung Rü In im GG. Verlagerung nach Warschau und Beschaffung der notwendigen Arbeitskräfte.«

Nun werden die Maschinen also wieder zurücktransportiert von Poniatowa und von Trawniki nach Warschau. Die Wehrmacht stellt eine Transportkompanie für den Rücktransport der Rohstoffe und Maschinen. Jüdische Arbeitskräfte gibt es nicht mehr. Man muß also polnische nehmen. Und schon am Jahresende steht im Bericht des Rüstungskommandos: »Die Firma Többens wird in Warschau ihre Produktion entsprechend erhöhen, nachdem die erforderlichen Räume teilweise zur Verfügung gestellt wurden.«

Lazarettzüge für Nähmaschinen

Többens beginnt mit der Rettung seines Vermögens. Am einfachsten sind die Devisen in die Heimat zu schaffen, die Dollars, Pfunde und Franken, die er den Juden abgenommen hat. Die Schmuckstücke, die Brillanten, das Gold. Für die Maschinen und Rohstoffe braucht er Güterwagen. Es zahlt sich aus, daß er so viele SS- und Polizeiführer bestochen hat. Er bekommt Züge. Es ist, als habe er selbst den Führer Adolf Hitler auf seiner Seite.

Am 11. Oktober 1944 wird bei der Regierung in Krakau ein Fernspruch des Distriktgouverneurs von Warschau, Fischer, an Generalgouverneur Hans Frank aufgezeichnet: »Obergruppenführer von dem Bach hat den neuen Auftrag erhalten, Warschau zu pazifizieren, das heißt Warschau noch während des Krieges dem Erdboden gleichzumachen, soweit nicht militärische Belange des Festungsbaues entgegenstehen. [...] Vor dem Ab(brech)en sollen aus Warschau alle Rohstoffe, alle Textilien [...] geräumt werden. Die Hauptaufgabe fällt der Zivilverwaltung zu. Ich gebe hiervon Kenntnis, da dieser neue Führerbefehl über die Niederlegung Warschaus für die weitere neue Polenpolitik von größter Bedeutung ist.«

Textilien werden besonders erwähnt. Als habe der Textilkaufmann Többens dem Führer seine Interessen diktiert.

Többens bekommt Transportmöglichkeiten. In Zügen, die für Verwundete bestimmt sind, fahren Nähmaschinen nach Delmenhorst. Sie kommen in versteckte Lagerräume auf dem Lande. Walter Caspar Többens fährt hinter ihnen her. Der Krieg ist aus. Der Textilhändler steht wieder hinter seinem Ladentisch in der Gerhard-Rohlfs-Straße in Vegesack. Noch sind die Regale leer. Zu kaufen gibt es nicht einmal etwas auf die Punkte der Kleiderkarte. Aber Walter Caspar Többens wartet auf die Währungsreform. Er hat seine heimlichen Lager. Und er hat seine heimlichen Freunde.

Walter Caspar Többens, etwa 1944

Die scheinen ihm zuerst wenig zu nützen. Am 11. September 1945 steht der amerikanische Captain Louis Rosenblatt in der Wohnung von Többens, Kohlhökerstraße 7 in Bremen. Gründe für die Festnahme: »Fanatischer Nazi. Ausbeutung von Sklavenarbeit im Warschauer Getto. Sicherheitsrisiko.«

Die Sklaven erkennen ihn wieder

Niemals hatte er damit gerechnet, daß er eines Tages vor seinen Warschauer Sklaven stehen würde. Doch einige haben den Gettomord überlebt. Vor ihm steht der Jude Szola Swajcer aus der

Lesznostraße in Warschau. Er findet Többens aus einer Gruppe von acht vorgeführten Personen heraus.

Sein Protokoll: »Wahrscheinlich im August 1942 – ich entsinne mich nicht genau der Zeit – wurde ein Befehl seitens der SS und des SD für alle Juden im Getto herausgegeben, an bestimmten Tagen in der Milastraße anzutreten. Gleichzeitig wurde gedroht, daß der, welcher diesem Befehl nicht Folge leistet, erschossen wird. Infolge dieses Befehls erschienen sehr viele Juden, die ganze Straße war voll. Ich war dort auch mit meiner Mutter und zwei Schwestern aus Angst vor dem Erschossenwerden. Auf einmal war die Straße durch SS und Polizei abgesperrt, und die Selektionsaktion begann. In dieser Aktion übernahm den aktiven Teil Többens, der die Selektion persönlich ausführte, was ich selbst gesehen habe. Als ich sah, daß Többens die jungen und gesunden Leute zur Arbeit auswählte, dagegen die Greise, Frauen und Kinder zum Transport nach Treblinka bestimmte, versteckte ich mich in einem Hause auf dem Dachboden, wo ich mich mit meiner Mutter und meinen zwei Schwestern verborgen hielt. Dort hielt ich mich vier Tage lang versteckt, ohne Essen und Trinken, weil die Selektionsaktion so lange dauerte. Wenn ich merkte, daß es auf der Straße ruhig war, versuchte ich, aus meinem Versteck herauszukriechen, um zu sehen, was los war. Auf der Straße sah ich ein grausames Bild – ich sah viele Tote – ich meine ein paar tausend. Alle wurden erschossen, es waren darunter auch Kinder.« In die Geschichte Warschaus ist diese Selektion als »der Kessel auf der Mila-Straße« eingegangen.

Die amerikanischen Militärbehörden beschließen, Többens als Kriegsverbrecher nach Polen auszuliefern. Freitag, den 22. November 1946, wird er vom Lager Dachau mit einem Zug nach Warschau transportiert. Doch er kommt dort nicht an.

Der polnische Leutnant N. Szuman gibt darüber am 29. November 1946 in Warschau zu Protokoll: »Aus den 175 deutschen Kriegsverbrechern, welche der Polnischen Militärmission zur Untersuchung deutscher Kriegsverbrechen in Augsburg am 22. November 1946 überstellt worden waren, wurden am gleichen Tage in Dachau 145 Gefangene zusammengezogen, um sie nach Polen zu verbringen. Am Morgen des 22. November stellten die amerikanischen Behörden auf dem Lagergelände von Dachau sieben Güterwagen für den Transport der Gefangenen bereit. Auf Anordnung von Hauptmann Gielb wurden die Luken der Waggons durch Bretter gesichert, die auf die Außenwände der Waggons genagelt wurden, und zwar drei Bretter auf jede Luke, die keine stabile Sicherung in Form eines Gitters oder Rolladens besaß. [...] Das Verladen war gegen 14.00 Uhr beendet, worauf sich der Transport in Marsch setzte. [...] Die Überprüfung der Sicherheit der Waggons erfolgte bei jedem Halt auf die Weise, daß die Begleitmannschaft (am Tage alle, in der Nacht die Diensthabenden) an den Waggons entlang Aufstellung nahm, die Sicherheit der Luken, die Riegel, die Türen und die Dächer der Waggons kontrollierte. [...] Etwa um 1.15 Uhr in der Nacht vom 22. auf den 23. meldete mir einer der Soldaten, daß eines der Befestigungsbretter der Luken im Waggon Nr. 2 beiseite gebogen sei. [...] Während der Kontrolle in Furth im Wald stellte ich fest, daß das mittlere der drei Bretter fehlte, welche die hintere Luke von Waggon 2 sicherten. Nachdem ich mich mit Sergeant Pomaranski in Verbindung gesetzt hatte, [...] ordnete ich folgende Maßnahme an: 1. Appell der Gefangenen in den Waggons, als dessen Ergebnis ich das Fehlen von vier Gefangenen aus dem Waggon Nr. 2 feststellte, nämlich: Brandl, Josef, Leiter der Wirtschaftsabteilung in Krakau und später in Lwow; Boger, Friedrich, Polizeisekretär und Gestapoagent; Hermann, Eduard, Polizeihauptmann und SS-Mann in Krakau; Többens, Walter, beschäftigte Häftlinge aus dem Warschauer Getto sowie aus Treblinka und Poniatowa.«

Die Sicherung des Zuges hatten 19 amerikanische Soldaten und Offiziere gehabt.

Das Vermögen von Többens wird eingezogen

Többens ist untergetaucht. Er bleibt es fünf Jahre lang. Im Juni 1949 verhandelt in seiner Abwesenheit die VI. Spruchkammer des Landes Bremen gegen ihn. Die Herren Arno Schneider, Paul Lachmann, Friedrich Jacobi, Josef Kaiser und Frau van Perlstein tagen mit den Beisitzern Rudolf Heimsoth und Herrn Priesnitz acht Sitzungen lang, ehe sie am 30. Juni 1949 ihren Spruch verkünden:

»Der Betroffene ist Hauptschuldiger. Es werden ihm folgende Sühnemaßnahmen auferlegt:

Der Betroffene wird auf die Dauer von zehn Jahren in ein Arbeitslager eingewiesen.

Das Vermögen ist als Beitrag zur Wiedergutmachung einzuziehen gemäß Artikel 15, Ziffer 2.

Er ist dauernd unfähig, ein öffentliches Amt einschließlich des Notariats und der Anwaltschaft zu bekleiden.

Er verliert die Rechtsansprüche auf eine aus öffentlichen Mitteln zahlbare Pension oder Rente.

Er verliert das Wahlrecht, die Wählbarkeit und das Recht, sich irgendwie politisch zu betätigen und einer politischen Partei als Mitglied anzugehören.

Er darf weder Mitglied einer Gewerkschaft, noch einer wirtschaftlichen oder beruflichen Vereinigung sein.«

Der Spruch ist ein Musterbeispiel. Manchmal schludrig, umständlich formuliert. Aber die Verbrechen werden Verbrechen genannt, und das ist ein paar Jahre später bei der Justiz nicht mehr so klar, wenn Nazimörder vor Nazirichtern stehen. Aus der Begründung:

»Der Betroffene ist von Beruf selbständiger Kaufmann. Er unterhielt in der Zeit der nationalsozialistischen Bewegung eine Reihe von Handelsgeschäften der Textilbranche, Fabriken zur Fertigung von Wäsche, war Großhandelsunternehmer in Tomaschow und Wehrmachtslieferant aus dem Getto in Warschau und dem SS-Lager Poniatowa. Den Meldebogen fertigte sein Verwandter, Werner Breymann, aus, der ihn als Generalbevollmächtigter unterzeichnete. In der Einkommensspalte steht lediglich der Vermerk, daß Unterlagen im Jahre 1938 vernichtet seien und auch der Verlust nicht angegeben werden könne. Dieser Vermerk ist auch auf die Rubrik ›Vermögen‹ ausgedehnt worden, obgleich dem Generalbevollmächtigten Breymann zumindest die Höhe des gesperrten Vermögens und der Vermögensbestand der seit 1945 fortgesetzten Betriebe bekannt sein mußte.

Der Betroffene war nach Angaben im Meldebogen von 1938 bis 1945, nach Angaben des Document Center vom 1. Mai 1937 bis 1945 mit dem Zusatz: Aufnahme beantragt 24. September 1937 Mitglied der NSDAP. Er hatte die Mitgliedsnummer 534 985 2. [...] Auf Grund dieser Angaben im Meldebogen wurde am 6. September 1948 das Verfahren gemäß Artikel 33, Absatz 5, und Artikel 13 durch den öffentlichen Kläger eingestellt.

Auf Antrag wurde dieser Einstellungsbescheid am 27. September 1948 durch den Herrn Senator für politische Befreiung aufgehoben und das Verfahren dem öffentlichen Kläger zur weiteren Veranlassung zurückverwiesen. In der Klageschrift wird der Betroffene als Kriegsverbrecher gemäß Artikel 22, Anmerkung 3 des Gesetzes bezeichnet. Damit fällt er unter Teil A, Abschnitt C, Kl. I, Ziffer 1 und als Parteimitglied unter Teil B, Ziffer 5 der Gesetzesanlage.

Die Anklage wirft dem Betroffenen vor, durch die über seine Machtbefugnisse hinausgehenden Maßnahmen sich an Verbrechen an der Menschlichkeit schuldig gemacht und sich an Tötungen und sonstigen Grausamkeiten beteiligt sowie aus Eigennutz und Gewinnsucht aktiv mit der SS und Gestapo zusammen gearbeitet zu haben. [...]

Der Betroffene wurde von der polnischen Regierung als Kriegsverbrecher angefordert und von der Amerikanischen Militärregierung zur Auslieferung freigegeben. Auf dem Transport entfloh er am 22. November 1946 mit einem weiteren Gefangenen aus dem Zuge, während er die weiteren zwei schlafenden Gefangenen zurück- und diese ihrem Schicksal überließ. [...] Der derzeitige Aufenthaltsort des Betroffenen ist der Kammer unbekannt. [...]

Der Betroffene wandte sich nach Errichtung von Kreisgroßhandelsstellen im Generalgouvernement unter Umgehung der Handelskammer Bremen direkt an den Zeugen Dr. Lauts [...], der bei Kriegsausbruch 1939 Geschäftsführer der Wirtschaftsgruppe Groß- und Einzelhandel in Berlin war. Durch den Zeugen Dr. Lauts erhielt der Betroffene den Kreis Tomaschow als Großhändler und gewann damit Fühlung im Ostraum und insonderheit mit dem genannten Zeugen, der ihn 1941 zur Übernahme der Wehrmachtslieferungen durch das inzwischen gebildete Getto in Warschau bewog. [...] Diesem Verlangen kam der Betroffene nur zu gern nach, umsomehr, als er auf den ersten Augenblick die günstige Geschäftskonjunktur durch Ausnutzung der jedem freien Willen beraubten billigen jüdischen Arbeitskräfte erkannte. Innerhalb des Getto hatten sich unter Führung einer Produktions-Kommission Werkstätten zur Erledigung von Wehrmachtsaufträgen gebildet. Über der Produktions-Kommission stand eine von politischen Leitern gelenkte Transferstelle, welche die Aufträge und deren Erledigung vermittelte. Schon nach kurzer Zeit der Übernahme schaltete der Betroffene die Produktions-Kommission wie auch die Transferstelle aus, um somit als Auftraggeber auftreten und mit jedem Unternehmen direkt verhandeln zu können. Im Zuge dieser Regelung legte er weiter alle eingerichteten Werkstätten zusammen, ließ Maschinen durch seinen Direktor Jahn in die Prosta bringen und setzte die Werkstatteigentümer vor die Tür. [...] Mit diesem Zeitpunkt (1943; G. S.) begann die große Aussiedlungsaktion im Zentralgetto, die von der SS durchgeführt wurde. Die SS stieß auf aktiven Widerstand der jüdischen Bevölkerung, und in diesem Zeitraum fielen die ersten Schüsse der Widerstandsbewegung auf

SS-Leute. […] Wenige Tage später erfolgte die große Kundgebung der Überführung der Többensbetriebe nach Poniatowa. Dieser Umstand läßt die Überzeugung zurück, daß der Betroffene von den Absichten der SS genauestens unterrichtet war und die jüdischen Arbeitskräfte vorsätzlich täuschte. […] Trotzdem wurde den jüdischen Arbeitskräften das Lager Poniatowa als Privatarbeitslager geschildert, das nur von Wehrmachtsmännern bewacht werde und in dem Kindergärten, Sportplätze und Schwimmbad angelegt, eine Siedlung für Werksleiter und Büropersonal errichtet würde. […]

Der zweite Transport gestaltete sich schon schwieriger, da Gerüchte über Verschickung nach dem Vernichtungslager Treblinka bekannt geworden waren, die einen großen Teil der Juden veranlaßte, vom Umschlagplatz aus teils schon vorher zu verschwinden. Von diesem Zeitpunkt an trat der Betroffene als Beauftragter der Aussiedlungsaktion für sämtliche Betriebe innerhalb des Gettos in Erscheinung, was ihm unter den Juden den Namen ›Aussiedlungskommissar‹ einbrachte. Dadurch erlosch das Vertrauen der Juden zu dem Betroffenen, wie auch der Zeuge Rubinlicht erklärte, zumal der Betroffene auf dem Umschlagplatz Selektionen vornahm und dadurch einen Teil der Juden zur Arbeit nach Poniatowa bestimmte und […] den übrigen Teil zur Vernichtung nach Treblinka freigab. […]

Mißhandlungen durch Schlagen mit der Peitsche wurden dem Betroffenen und seiner engeren Umgebung, den Direktoren Bauch und Jahn, von mehreren Zeugen sowohl im Betrieb wie auch auf dem Umschlagplatz beim Verladen unterstellt, die eines Fabrikherrn unwürdig sind. […]

Von einem gläubigen Katholiken und aufrechten Deutschen muß erwartet werden, daß er unter Aufgabe jeder Verdienstchance den Platz des grauenhaften Elends verläßt, wozu ihm bei gutem, ernsten Willen jederzeit die Möglichkeit gegeben war. […] Es konnte dem Betroffenen nicht verborgen bleiben, daß früher oder später nach Erfüllung seiner gewinnsüchtigen Pläne die Juden der Vernichtung preisgegeben würden. […]

Die Beweisaufnahme konnte die Behauptung nicht bestätigt finden, daß der Betroffene aus vorsorglichen Beweggründen und zur Behebung der Notlage den Kindergarten eingerichtet habe, um den jüdischen Müttern während der Arbeitszeit die Sorge um ihre Kinder abzunehmen. Die Beweisaufnahme ergab, daß die Mütter in ihrem Vertrauen auf Hilfeleistung einem Irrtum anheim gefallen waren. Die im Laufe einer Woche aus den Verstecken dem Kindergarten übergebenen Kinder wurden plötzlich von einem SS-Kommando auf Lastwagen geladen und zur Vernichtung nach Treblinka verschickt. […]

Dagegen konnte festgestellt werden, daß der Betroffene bei der Säuberung des Gettos der SS Hilfe leistete und die Juden aus den Verstecken hervorlockte und hervorholen ließ. Wie schon eingangs erwähnt, leitete der Betroffene die Verladung der zum Transport bestimmten Arbeitskräfte mit Hilfe seines gefürchteten Direktors Jahn. Die Juden wurden in die Waggons getrieben, wobei es an Peitschenhieben nicht fehlte. […] Unter menschenunwürdigen Verhältnissen wurden die Juden in Güterwaggons zusammengepfercht und nach Poniatowa gebracht, wo sie in der großen Werkhalle 3 […] mit 11 500 Menschen untergebracht wurden und raumbedingt schlafen mußten. […] Hier mag der stark gefärbte Bericht des Zeugen Oberst Freter (Kommandeur des Rüstungsbereiches) […] eingeschaltet werden, der von ›nett eingerichteten Einfamilienhäusern‹ spricht, in denen die Belegschaft des Betroffenen außerhalb des Betriebes untergebracht wurde. Nachdem die Juden sechs Monate lang in Poniatowa unter den kläglichsten Verhältnissen gelebt hatten, kam nach Schilderung des Zeugen Bauch plötzlich der Befehl zur Vernichtung, die der Betroffene mit dem genannten Zeugen gemeinsam in vollem Umfange beobachten konnte und verfolgt hat. Auf die Frage über ergriffene Maßnahmen antwortet der Zeuge Bauch, bemüht gewesen zu sein, das Material zu retten. […]

Sie (die Zeugen; G. S.) gaben der Kammer die Überzeugung, daß der Betroffene mit kaltem Herzen über Tausende von Menschen herrschte und rücksichtslos die Qualen der hilflosen Menschen ansehen konnte und in vielen Fällen das Elend verschlimmern half. [...]

Von wesentlicher Bedeutung im Verhandlungsverfahren waren die Schilderungen des Zeugen Mühlenberg über die Golddollarablieferung. Der Zeuge erklärt, daß er gelegentlich seines Besuches auf einer Tischplatte von etwa 80 x 80 cm Reih an Reih aufgestapelte Golddollar sah, die nach der Erklärung des Betroffenen aus angeblich freiwilligen Sammlungen der Gettojuden, in der Hauptsache wohl aus den Reihen seiner eigenen jüdischen Arbeitskolonne stammten. [...]

Tatsache ist und bleibt die Aneignung aller Maschinen, die die Juden in die Werksbetriebe einbrachten, wofür keinerlei Entschädigung gezahlt wurde, und die dann bei der Umsiedlung nach Poniatowa mit überführt wurden, um sie schließlich zum Teil nach Deutschland zu transportieren. [...] Darüber hinaus sind aber die selbstsüchtigen Ziele und Pläne des Betroffenen in den Worten des Betroffenen unzweideutig zu erkennen, daß er – der Betroffene – schon längst weggelaufen wäre, wenn er nicht so gut verdiene. Diese Feststellung beweist zur Genüge, daß der Betroffene nur an sich und seinen Geldbeutel dachte. Dabei waren ihm Menschenleben nichts wert. [...] Arbeitskräfte konnten nur Aufnahme in den Betrieben des Betroffenen finden, wenn sie Maschinen mitbrachten. [...]

Der Betroffene neigte schon in jungen Jahren zur Selbständigkeit und zu raschem Aufstieg. [...] Im Alter von 25 Jahren löste er sein Angestelltenverhältnis mit der weltbekannten und als korrekt arbeitenden Firma Gebrüder Leffers mit dem Vorsatz, selbständig und größer zu werden als seine Lehrfirma Leffers. [...] In wilder Jagd übernimmt er 1934 und 1935 vier jüdische und eine arische Firma, und innerhalb sieben Jahren gehören ihm vierzehn Unternehmungen des Handels und der Fabrikation. Die Verteidigung war nicht in der Lage, der Kammer irgendwelche Verträge vorzulegen, um Ursache und Wirkung über das Zustandekommen der vielseitigen Bindungen festzustellen. Dagegen gibt Herr Herz über den Verkauf des Konfektionsgeschäftes in der Nordstraße und die Vermietung des Grundstückes Vegesakker Straße 1 und 2 mit dem Schreiben vom 25. Mai 1949 [...] dahin Aufschluß, daß der Betroffene unter voller Ausnutzung der damaligen Notlage für jüdische Geschäftshäuser das vorhandene Warenlager von Adolf Herz in der Nordstraße zu einem Schundpreis übernommen hat und in den Mietverträgen gleichfalls unter voller Ausnutzung der damaligen Notlage für die jüdische Geschäftswelt die denkbar günstigsten Bedingungen für sich herauszuholen verstand. Immerhin läßt die verschwindend geringe Kapitalkraft des Betroffenen von nur wenigen Tausend Mark den Schluß zu, daß der Betroffene die Notlage der Juden nach Kräften für sich auswertete. [...]

Der Zeuge Hoffenberg schließt aus dem anfänglich bescheidenen Auftreten des Betroffenen im Getto, daß sein Betriebskapital klein gewesen sein muß. Es bedurfte aber auch gar keines großen Kostenaufwandes für Anschaffung von Maschinen [...], weil die Maschinen von den eigenen Arbeitskräften und übernommenen Werkstätten ohne Entgelt geliefert wurden. Es bedurfte auch keiner Anlagegelder, weil die vorhandenen Schulen und sonstigen öffentlichen Gebäude wie Krankenhäuser unter Zwangsräumung der Kranken zur Verfügung standen. Es fehlte auch nicht an Arbeitskräften, weil das Getto 500 000 Juden einschloß. Den Betroffenen störten auch nicht die fürchterlichen Zustände im Getto [...], sondern er sah nur die Gewinnchancen [...] denn bis zur endgültigen Vernichtung der 500 000 Gettojuden konnte sehr viel lohnende Arbeit durch die ohnehin billigen Arbeitskräfte zu seinem Nutzen geleistet werden [...].«

Zusammenfassend sagt die Spruchkammer, daß »die Bildung eines mehrfachen Millionengewinnes in einem Zeitraum von einem Jahr Gettoarbeit, einem sechsmonatigen SS-Arbeitslager Poniatowa und einer kurzfristigen Fertigung in Warschau mit polnischen Arbeitskräften unter normalen Verhältnissen« nicht möglich gewesen sei.

Kommt Többens ins Goldene Buch von Palästina?

Sein Verteidiger hatte in einem fünfstündigen Plädoyer das Verhalten des Textilkaufmanns Többens als eine Wohltat für die Juden dargestellt: »Lebten die Juden aus dem Warschauer Getto noch, so stünde Többens nicht vor einem Gericht, sondern im Goldenen Buch von Palästina.«

So hat sich Többens immer dargestellt, als ein Retter der Juden. Was hatte er ihnen versprochen, als das Getto ausgelöscht wurde? »Mit voller Überzeugung kann ich Ihnen nun immer wieder raten: Fahrt nach Trawniki, fahrt nach Poniatowa, denn dort sind Lebensmöglichkeiten, und dort werdet Ihr den Krieg überdauern!«

Überdauert hat nur Többens. Die Juden leben nicht mehr. Többens kommt nicht in das Goldene Buch, aber er kommt auch nicht ins Gefängnis.

Die zehn Jahre Arbeitslager werden wie der ganze Spruch kassiert. Sein blutiges Vermögen darf er behalten. Er darf wieder wählen und gewählt werden, darf wieder einer politischen Partei beitreten, und er darf wieder Unternehmer sein. Das ist er auch. Taucht aus dem Untergrund auf. Schließt sich der CDU an. Ist wieder im Vollbesitz seiner Millionenfirma Többens. Und ist in meinem Heimatort Vegesack ein geachteter Mann, gegen den niemand etwas sagen darf und gegen den niemand etwas sagt. Die toten Juden sind vergessen, die Firma Többens lebt weiter.

Man hätte annehmen müssen, irgendwann erhebt die Staatsanwaltschaft gegen ihn Anklage. Denn viele tausend tote Juden lassen sich doch nicht einfach verschweigen. Aber nichts geschieht. Die Opfer beklagen sich vergeblich.

Er hat auch mein zweites Kind genommen

Erklärung von Huna (Henry) Topf, geboren am 15. November 1905 in Wiszlica in Polen:

»Ich bin 1938 mit meiner Ehefrau und unseren zwei Kindern von Hannover nach Warschau ausgesiedelt worden. Ich klage W. C. Többens an, daß er mich meines Vermögens von rund 450 000 Reichsmark beraubt hat. Damit wir nicht ihm durch Beschwerden lästig fallen könnten, schickte er mich, meine Frau und meine zwei Kinder in das schlimmste Vernichtungslager, nach Treblinka, zur Vergasung. Meine Frau und ich sind ihm entkommen, meine zwei Kinder hat er verhaftet. Ein Kind wurde nach Treblinka zur Vergasung geschickt, ich flehte ihn auf den Knien an, mir mein eines Kind doch noch zu lassen, nachdem er mir alles weggenommen hätte. Er rief mir zynisch zu: Hab' ich dich endlich niedergebrochen? Er hat auch mein zweites Kind nach Treblinka zur Vergasung geschickt. Többens war wie ein König im Warschauer Getto und hat über Leben und Tod der Juden willkürlich entschieden. Er versprach, die Juden zu beschützen und zu befreien, doch befreite er sie nur von ihrem Vermögen und ihren Wertsachen. Wenn sie ihm alles gegeben hatten, dann lieferte er sie in die Vergasungslager. Er hatte als Umsiedlungskommissar über die SS zu verfügen und war mit dem Kommandanten, Untersturmführer Brandt, gut Freund. Sehr viele von meinen Bekannten sind von Többens gezwungen worden, nach Poniatowa zu gehen, und sind dort alle umgekommen. Da man damals schon gewußt hatte, was in Treblinka vorkam, haben sich die Juden geweigert, dorthin überzusiedeln. Er hat deshalb das Märchen von einer Judenstadt Poniatowa bei Lublin erfunden. Dort sollten die Juden in Ruhe arbeiten und den Krieg überleben. Er leistete sich den grausamen Scherz, die

Juden würden in späterer Zeit seinen Namen als eines Wohltäters der Juden in das Goldene Buch von Palästina eintragen. Einstweilen hat er alles greifbare Vermögen der Juden in Polen an sich gebracht.

Huna Henry Topf«

Der SS habe ich den Kindergarten nicht bekanntzugeben brauchen

Und doch scheint etwas zu geschehen: Überlebende Opfer aus dem Warschauer Getto zeigen den Többens-Direktor Bauch wegen seiner Verbrechen in Warschau und in Poniatowa an. Er wird 1953 in Hannover ermittelt. Rudolf Bauch ist wieder Betriebsleiter. Jetzt bei der Leverkusener Firma Engels und Länge. Er leitet deren Zweigniederlassung in der Adelheidstraße 5 in Hannover. Am 17. April 1953 wird er durch den Polizeimeister Stenzel in Hannover vernommen. Der fragt ihn, ob er die im Többens-Betrieb versteckten jüdischen Kinder der SS ausgeliefert habe. Nein, sagt Bauch, denn »das gesamte Getto stand unter der Befehlsgewalt der SS. Wenn auch im allgemeinen auf Anweisung des Rüstungskommissars Warschau unsere Betriebe ohne Genehmigung nicht betreten werden durften, so hat sich die SS niemals daran gehalten, sondern erschien, wenn es ihr beliebte, im Betrieb. Die erschienenen SS-Leute ließen sich von keiner Person an ihrem Vorhaben hindern.«

Zur Beruhigung der Eltern

Hat er der SS den jüdischen Kindergarten denunziert und die jüdischen Kinder zur Vernichtung übergeben?

Bauch: »Den Kindergarten in der Gerichtsstraße habe ich zum Schutze der Kinder und zur Beruhigung der Eltern und der Angehörigen eingerichtet. [...] Der SS habe ich die Existenz des Kindergartens nicht bekanntgeben brauchen, denn durch ihr Spitzelsystem war ihr dieses genauestens bekannt. Als die SS mich eines Tages (früh) überrumpelte und nach den Kindern fragte, hatte ich keinen Einfluß mehr, Einwendungen zu machen, und es war mir auch nicht möglich, die Kinder wegbringen zu lassen. Ich habe niemals Kinder aus Verstecken herausgeholt und sie der SS übergeben. Wenn nach dieser Richtung hin von Hoffenberg derartiges behauptet wird, dann ist das eine Lüge. Auch seine Behauptung, dieses gesehen zu haben, ist falsch, weil die Aussicht auf diesen Raum durch ein anderes Gebäude vollkommen verdeckt war.«

Und was war am 3. November 1943, als die 15 000 Juden im Többens-Betrieb Poniatowa erschossen wurden?

»Die Frage möchte ich wie folgt beantworten: Die Aktion Poniatowa kam für mich vollkommen überraschend, gewissermaßen war es für mich eine Überrumpelung. An dem fraglichen Tage, morgens zwischen sechs und sieben Uhr, erschien bei mir ein Major der Polizeitruppe und eröffnete mir, daß er beauftragt sei, das Lager Poniatowa zu liquidieren, und verbot uns, das Unterkunftsgebäude zu verlassen. Daraufhin habe ich Herrn Többens, der gerade anwesend war, aufgesucht, und dem gegenüber hat der betreffende Major sein Vorhaben wiederholt. In Begleitung mehrerer Offiziere mußten wir die bereits geöffneten Betriebsteile wieder abschließen. Die Offiziere geleiteten uns wieder in unser Unterkunftshaus zurück, dort wurden wir überwacht und durften das Gebäude nicht verlassen.«

Das Vorhaben, die 15 000fache Ermordung, hat Herrn Bauch zu keinen weiteren Erklärungen veranlaßt. Nun wird auch Herr Többens von einem Kriminalbeamten befragt. Er ist längst wieder aufgetaucht. Längst wieder legal. Ein freier Geschäftsmann in einem freiheitlichen Land ohne Juden. Er lebt nun in einer schönen Wohnung im Bremer Altstadtviertel, Am steinernen Kreuz Nummer 9. Seinen Direktor Rudolf Bauch kann er nur entlasten: »Herr Bauch hatte die Aufgabe, die Arbeit zu organisieren und die Produktion zu überwachen.«

Was für Arbeiter er in seinem Betrieb gehabt habe?

»In meinem Betrieb hatte ich damals einen Teil polnische, einen Teil jüdische und einen Teil deutsche Arbeiter beschäftigt. Die deutschen Arbeiter waren Führungskräfte, das heißt, sie mußten den polnischen und jüdischen Arbeitern entsprechende Anweisungen erteilen.«

Einen Teil, sagt Herr Többens. Bei 30 000 Juden auch einen Teil polnische und einen Teil deutsche Arbeiter, natürlich Führungskräfte. Aber von den 30 000 Juden ist bei ihm genausowenig die Rede wie von den 15 000 Toten in Poniatowa, sondern: »Insgesamt waren in meinem Betrieb anfänglich zirka 1 500 und zum Schluß zirka 7 000 Leute beschäftigt.«

Wurden sie auch bestraft? Geschlagen? Deportiert?

»Daß in einem derartigen Betrieb mancherlei Diebstähle und Unstimmigkeiten vorgekommen sind, ist selbstverständlich. Ich habe mich um diese Sachen nicht kümmern können, denn dazu waren verschiedene Betriebsleiter eingesetzt. Bauch hat die Angelegenheiten in meinem Sinn zur besten Zufriedenheit der Belegschaft jeweils geschlichtet.«

Zur besten Zufriedenheit geschlichtet. Das hat Herr Többens wirklich gesagt. Und wer von den Toten hätte ihm widersprechen können? Ob die Belegschaft denn auch zum Schluß, als sie sich zur Deportation melden mußte, zufrieden war?

»Bauch hat auch zum Schluß, das heißt, wo die größeren Unruhen in Warschau vorkamen, die auch auf meinen Betrieb einwirkten, immer versucht, die Sache in aller Güte zu regeln. Er setzte sich wiederholt in außerordentlicher Weise für die polnischen und jüdischen Arbeiter ein, so daß er mehrere Ungelegenheiten beim SD hatte. Er stand nahe dabei, von dem SD verhaftet zu werden. Nur auf Grund meines Einflusses gelang es immer wieder, die Sache mit dem SD zu schlichten.«

Aber was war mit den Aussagen der Sklaven, die bei Többens gearbeitet hatten?

Mit gutem Gewissen: Die Juden lügen bewußt

»Wenn ihm von den Zeugen Samuel Rajzman und Hoffenberg Verbrechen gegen die Menschlichkeit vorgeworfen werden, so kann ich mit gutem Gewissen sagen, daß die betreffenden Zeugen bewußt lügen. Nach meiner Ansicht haben die Zeugen ihre Aussagen nur aus Gehässigkeit gemacht. Ich selbst kenne Bauch persönlich sehr gut, durch die Zusammenarbeit von 1940 bis 1945, so daß ich mir ein Urteil über Bauch erlauben kann. Wenn ihm vorgeworfen wird, er hätte im März 1943 auf dem Fabrikgelände in Leszno (Gerichtsstraße) einen Bäckergesellen durch Genickschuß getötet, so kann ich nur sagen, daß dies niemals den Tatsachen entspricht. Bauch war eine sehr gute Fachkraft, aber er hatte einen weichen Charakter und Verständnis für die Nöte der Menschen.«

Wurden die Juden in den Werkstätten mit Peitschen geschlagen?

»Wenn der Zeuge Hoffenberg betont, Bauch hätte sich des öfteren der Peitsche bedient, so kann ich immer wieder nur betonen, daß ich bei Bauch niemals eine Peitsche gesehen habe. Ich würde ihm auch niemals zutrauen, daß er mit der Peitsche auf Menschen einschlägt. Wenn behauptet wird, Bauch habe jüdische und polnische Frauen und Kinder, sowie auch männliche Personen der SS ausgeliefert, so muß ich auch dazu betonen, daß die Beschuldigungen frei erfunden und unwahr sind. Ich kann mir nicht denken, warum Bauch hätte Frauen und Kinder an die SS ausliefern sollen. Ich habe nie bemerkt, daß Bauch ein Denunziant ist und verschiedene Arbeiter oder deren Familien bei dem SD oder der SS schwarz machte. Ich konnte nur immer das Gegenteil feststellen, daß er sich in jeder Weise für die Leute einsetzte.«

Gibt es gar nichts Nachteiliges über den Geschäftsleiter Bauch zu sagen?

»Ich kann über Bauch nichts Nachteiliges aussagen, und ich verweise auch auf mein Spruchkammerverfahren, das am 30. Juni 1949 durchgeführt wurde.«

Und er selbst, Többens, hat auch keine Peitsche gehabt?

»Kurz vor der Getto-Sache war es ab und zu erforderlich, daß man eine Peitsche bei sich trug [...]«. Többens merkt, dies ist doch ein wenig nachteilig, also korrigiert er schnell: »[...] kann es ab und zu erforderlich gewesen sein, daß man eine Peitsche bei sich trug, um die aufständischen Arbeiter von sich abzuwehren. Es kamen dort mehrere Vorfälle vor, die von den Polen und Juden angezettelt wurden (Widerstandsbewegungen), aus diesem Grunde waren wir gezwungen, uns selbst zu schützen. Ich habe jedoch niemals gesehen, daß von den Peitschen Gebrauch gemacht wurde. Durch die Vielzahl der beschäftigten Personen kam es auch des öfteren vor, daß sich die Arbeiter untereinander prügelten und sich bestahlen. Wenn diese Sachen Bauch und mir unterschoben werden, so kann ich nur sagen, daß ich selbst niemals die Peitsche gebrauchte. Ich habe auch nie gesehen, daß Bauch jemanden geschlagen hat.«

Wer denn schließlich die Juden der SS zur Deportation übergeben habe? Zeugen hätten ausgesagt, Többens selbst habe sie ausgeliefert.

»Wenn der Zeuge Samuel Rajzman angibt, ich selbst hätte 20 000 Mann an die SS ausgeliefert, so kann ich nur sagen, daß dies in keiner Weise den Tatsachen entspricht. Zu der damaligen Zeit waren in meinem Betrieb zirka 4 000 bis 5 000 Personen beschäftigt, die jedoch für meinen Betrieb arbeiten mußten. Wo hätte ich 20 000 Menschen hernehmen sollen, um sie der SS auszuliefern? Die Angaben des Zeugen Rajzman können somit ohne weiteres widerlegt werden. Ich habe niemals irgendeine Person dem SD zugeführt, jedoch das Gegenteil. Ich habe immer wieder versucht, meine Arbeiter zu halten. Als erreichbaren Zeugen kann ich in der Sache Bauch den Herrn Dr. Heinrich Lauts, wohnhaft in Bremen, Dobbenweg Nr. 2, anführen. Weitere Zeugen kann ich nicht nennen. Meine Angaben entsprechen der Wahrheit, und sonst kann ich in der Sache nichts angeben.«

Der Kriminaloberwachtmeister Gröber setzt darunter den Vermerk: »Többens ist hier aktenkundig nicht bekannt und ist bisher nicht in Erscheinung getreten.«

So kann man also auch Vernehmungen machen, und so sind sie in all den Jahren und Jahrzehnten nach dem Kriege oft gemacht worden: Die historische Wahrheit wird in ihr Gegenteil verwandelt. Nicht die Juden sind im Warschauer Getto und in Poniatowa vernichtet worden, sondern die Deutschen haben sich mit Peitschen gegen die Aufständischen schützen müssen. Das steht in den Vernehmungsprotokollen, ohne weitere Nachfrage, ohne Sachkenntnis, ohne jedes Interesse an einer Strafverfolgung der Nazimörder.

Nun wird der Herr Dr. Lauts durch einen Kriminaloberassistenten Hitz vernommen. Der weiß nichts davon, daß Dr. Lauts Beamter im Reichswirtschaftsministerium war und Többens zu den Sklaven des Warschauer Gettos verholfen hat. Sondern so liest sich das im Protokoll:

»Ich bin von Beginn der Tätigkeit des Herrn Többens in Warschau an sein freivertraglicher Mitarbeiter gewesen. Mein Aufgabengebiet betraf nicht eine innerbetriebliche Tätigkeit, sondern Vertretung des Betriebes bei den Verwaltungsbehörden des Generalgouvernements. Ich bin infolge dessen nicht ständig im Getto gewesen, sondern nur gelegentlich, allerdings des öfteren in die Betriebe der Firma Többens im Getto gekommen. Auf diese Weise bin ich auch mit Herrn Bauch des öfteren zusammengetroffen. Aufgrund meiner Verbindung mit ihm kann ich folgendes über ihn aussagen: Herr Bauch war ein außerordentlich ruhiger, überlegter Mann, den ich niemals außer Fassung erlebt habe. Ich habe Herrn Bauch niemals mit einer Peitsche gehen oder von ihr Gebrauch machen sehen. Ich halte diese Anschuldigung des Herrn Bauch für eine Verwechslung mit der Person des Betriebsleiters Jahn. Herr Jahn war der einzige Mitarbeiter von Herrn Többens, der als Volksdeutscher die polnische sowie die jiddische Sprache perfekt beherrschte. Zu ihm kamen infolgedessen alle Juden, soweit Not am Mann war, und bei der begreiflichen Erregung und der sowieso den Juden eigentümlichen leichten Erregbarkeit kam Herr Jahn des öfteren in körperliche Bedrängnis, die er nur mit der Androhung körperlicher Gewalt abwehren konnte. Ich habe im übrigen bei Herrn Jahn auch trotz vielfacher Begegnungen im Betrieb nie gesehen, daß er tatsächlich Leute geschlagen hat. Her Bauch hatte dort zweifellos den best organisierten Teilbetrieb und hatte nach meinen Beobachtungen den Gebrauch einer Peitsche sowieso nicht nötig.«

Haben die Juden ihre Kinder verraten?

»Zu der Sache des Kindergartens war mir bekannt, daß Herr Bauch unter Anwendung der größten Heimlichkeit einen solchen eingerichtet hatte, um die ohne Betreuung herumirrenden Kinder seiner jüdischen Arbeitskräfte unterzubringen. Bis dahin hatten die Eltern sie zum Teil in die Arbeitsräume des Betriebes gebracht, wo sie bei den häufigen überraschenden Durchkämmungen der SS viel gefährdeter waren als bei einem Aufenthalt außerhalb des Betriebes. Aus der Tatsache, daß die SS von der Existenz des Kindergartens erfuhr zu schließen, daß sie das von Herrn Bauch erfahren habe, ist ohne jede Beweiskraft. Die Bevölkerung in dem Getto war so übermäßig zahlreich, daß unvermeidlich die Existenz eines solchen Kindergartens bekannt werden mußte, und da sich unter den Juden eine Spitzelorganisation für die SS befand, ist die Wahrscheinlichkeit viel größer, daß auf diesem Wege der Verrat an die SS vor sich gegangen ist. Der Vorwurf, Herr Bauch habe bei der Abholung der Kinder sich nicht für die Arbeiter und deren Kinder eingesetzt, geht an den tatsächlichen Verhältnissen der damaligen Zeit vollständig vorbei. Herr Bauch besaß nicht die geringste Möglichkeit und erst recht keinerlei Befugnisse zu Gegenmaßnahmen gegen eine Aussiedlungsaktion der SS. Zu dieser Sache kann ich nur als persönliches Erlebnis aussagen, daß ich Herrn Bauch kurz nach der erfolgten Aushebung in beruflichen Angelegenheiten aufsuchte und ihn in einem Zustande der Verzweiflung und Erschütterung getroffen habe wie niemals vorher.«

Többens liefert keine Menschen aus

»Zu der Aussage von Herrn Többens erkläre ich, daß die Darstellung des Herrn Többens zu dem Falle der angeblichen Auslieferung von 20 000 Juden an die SS richtig ist. Als die Aussiedlung begann, hatte Herr Többens wenige tausend Arbeiter – wie viele, kann ich als Außenstehender nicht angeben –. Erst als Folge der Aussiedlung erhöhte sich der Arbeiterbestand bei Herrn Többens um viele tausend Menschen, weil nämlich alle Juden, die in kriegswichtigen Betrieben arbeiteten, von der Aussiedlung nicht betroffen wurden. Es ist also im Gegensatz zur Aussage des Juden Glaser so, daß Herr Többens mehrere tausend Juden, die er zusätzlich als Arbeiter aufnahm, dem Zugriff der SS entzogen hat. Ich habe hier in allen Teilen die Wahrheit gesagt und kann dem nichts mehr hinzufügen.«

Obwohl dieses Vernehmungsprotokoll in allen Teilen nach Unwahrheit riecht, hat die Staatsanwaltschaft Bremen kein Ermittlungsverfahren gegen Dr. Heinrich Lauts eingeleitet. Einen Monat nach dieser Vernehmung stellt die Staatsanwaltschaft in Hagen das Verfahren gegen Rudolf Bauch ein. Es liest sich wie eine Schutzschrift für den unschuldig denunzierten Többens-Direktor:

»Wenn es dazu gekommen sei, daß die SS jüdische Kinder aus dem von ihm eingerichteten Kindergarten und auch aus den Betriebsräumen herausgeholt habe, so sei er gegen diese Aktion machtlos gewesen. Das Vorhandensein des Kindergartens sei der SS schon durch ihre Spitzel bekannt gewesen. Er sei dann eines Tages von ihr überrumpelt worden, so daß er Maßnahmen wegen des Verbergens der Kinder vor der SS gar nicht mehr habe treffen können. Er habe niemals jüdische Kinder selbst aus Verstecken im Betriebe herausgeholt und der SS übergeben. [...] Diese Einlassungen können dem Beschuldigten nach dem Ergebnis der Ermittlungen nicht widerlegt werden. Als Beweismittel sind in erster Linie die Niederschriften über einige Zeugenaussagen aus dem Spruchkammerverfahren, das gegen den früheren Inhaber des Werkes, Többens, in Bremen durchgeführt worden ist, vorhanden. In diesem Verfahren wird auch der Beschuldigte belastet. Diese Aussagen reichen aber zu einer Überführung des Beschuldigten nicht aus. Nach der Sachlage können Zweifel an der Glaubwürdigkeit dieser Zeugen schon deshalb nicht ausgeschlossen werden, weil die Möglichkeit besteht, daß Gefühle des Hasses und der Verbitterung ihre Aussagen in einem für den Beschuldigten ungünstigen Sinne beeinflußt haben.«

Damit scheiden alle Juden, alle Polen, alle Franzosen, alle Russen, alle Griechen, alle Norweger, alle Kommunisten, alle Antinazis als Belastungszeugen gegen Naziverbrecher aus. Denn bei ihnen allen können Zweifel an ihrer Glaubwürdigkeit »nicht ausgeschlossen werden, weil die Möglichkeit besteht, daß Gefühle des Hasses und der Verbitterung« ihre Aussagen beeinflussen. Damit hört auch jede Rechtspflege und jede Gerechtigkeit auf.

Weiter: »Eine erneute Vernehmung dieser Zeugen, insbesondere des Hauptbelastungszeugen Hoffenberg, ist außerdem dadurch erschwert, daß sie inzwischen zum größten Teil ins Ausland verzogen sind. [...] Die Vorgänge bei der Abholung der jüdischen Kinder aus dem Kindergarten oder aus Verstecken durch die SS lassen sich nicht mehr restlos aufklären, so daß insbesondere die naheliegende Frage, ob dem Beschuldigten bei dem Vorgehen der SS ein Schuldausschließungsgrund zugute kommt, offen bleibt. [...] Aus diesem Grunde ist ein strafrechtliches Einschreiten gegen den Beschuldigten nicht möglich.«

Der Staatsanwalt in Hagen unterschreibt diese Einstellungsverfügung am 21. Mai 1953 anonym mit einem »D«. Er läßt sie von seinem Vorgesetzten mit einem ebenso unleserlichen Kürzel gegenzeichnen. Die ganze Verfügung mit dem Aktenzeichen 11 Js 255/49 hat drei Seiten. Und wie mit einem Seufzer der Erleichterung fügt der anonyme Staatsanwalt »D« noch die Verfügung hinzu, dem Anzeigeerstatter J. Rywosch, »der offensichtlich in erster Linie das Verfahren betrieben hat«, keinen Bescheid zukommen zu lassen, da er »nach Kanada ausgewandert ist«.

Eigentlich sind Staatsanwälte in erster Linie dazu da, Verfahren zu betreiben, vor allem, wenn es um Massenmord geht. Aber bei Nazimördern betrachten sie mit einer feinen Distanz jene Opfer, die gegen ihre Peiniger »das Verfahren betreiben«. Um die Mörder reinzuwaschen, werfen sie in ihre Waschmaschinen jedes beliebige juristische Waschmittel. Persil bleibt Persil, Justiz bleibt Justiz, was gestern Unrecht war, kann heute nicht Recht sein. Wer gestern im KZ war, kann heute kein glaubwürdiger Belastungszeuge sein. Glaubwürdig sind die Täter selbst. Das wird in die Standardformel gekleidet: »Diese Einlassungen können dem Beschuldigten nach dem Ergebnis der Ermittlungen nicht widerlegt werden.«

Kein Fall Walter Caspar Többens

Wenn schon gegen den Többens-Direktor Bauch keine Anklage erhoben werden kann, hätte dann nicht zumindest der Besitzer der Firma angeklagt werden müssen?

Am 20. Oktober 1988 beantragte ich beim Generalstaatsanwalt in Hamburg Einsicht in eine Ermittlungsakte, die Mordtaten im Warschauer Getto betrifft und in der auch der Fall des Textilunternehmers Walter Caspar Josef Többens enthalten ist. Nach einem Monat wird mir mitgeteilt: »Die Einsicht in Verfahrensakten der Staatsanwaltschaft Hamburg ist im vorliegenden Fall auf der Grundlage der von der Justizbehörde erlassenen allgemeinen Richtlinien zu beurteilen. Danach ist Voraussetzung für die Gewährung von Akteneinsicht ein wissenschaftliches Forschungsvorhaben, das nach Gegenstand, Zweck und Methodik beschrieben werden muß. Dabei muß auch ein Konzept zur Gewährleistung datenschutzrechtlicher Belange vorgelegt werden. Im Hinblick auf die Datenschutzrechte der in den Akten genannten Personen muß das öffentliche Interesse an der Durchführung des Forschungsvorhabens das Geheimhaltungsinteresse der Betroffenen erheblich überwiegen. Es muß ferner sichergestellt sein, daß ein Mißbrauch der erlangten Daten ausgeschlossen ist. Der Zweck der Forschung darf nicht auf andere Weise zu erreichen sein. Schließlich kann Akteneinsicht nur gewährt werden, soweit für die Staatsanwaltschaft kein unvertretbarer Verwaltungsaufwand entsteht.«

Das Geheimhaltungsinteresse der Betroffenen ist groß. Die Mauern sind hoch, mit denen die Geschichte der Naziverbrechen und ihrer Nichtverfolgung umgeben wird.

So werden die Verbrechen aus unserer Geschichte herausgehalten, von Barbie bis Többens. Am Ende entsteht solch nichtssagende Geschichtsschreibung wie die des Oberstaatsanwalts Adalbert Rückerl, Leiter der Ludwigsburger Zentralstelle. Vor lauter Geheimhaltungsinteresse der Naziverbrecher schreibt er in seinem Buch »NS-Vernichtungslager« Sätze wie diesen: »Der erste Führer der Ukrainer im Lager Sobibor vor L., der – wie dieser – auch aus L. stammende Polizeioberwachtmeister Sch., der krankheitshalber aus Sobibor nach Trawniki zurückkam, erzählte noch Einzelheiten über das Lager und erwähnte besonders den fürchterlichen Leichengeruch, der dort herrschte. Als nun L.s Dienstvorgesetzter, der Polizeimeister D. anordnete, daß L. als Sch.s Nachfolger nach Sobibor sollte, erklärte L. ihm, er wolle lieber in Trawniki bleiben und nicht nach Sobibor gehen.« Übrig bleibt der Leichengeruch, aber wer gemordet hat, erfahren wir vor lauter Abkürzungen mit L und D und Sch nicht. Auch ihre Heimatorte nicht. Die Mörder bleiben unerkannt unter uns.

Wo der Trend ist, ist Többens

Der Firmengründer Walter Caspar Többens ist am 16. November 1954 in Bremen gestorben. Seine Familie bleibt im Geschäft. 1984 ist es fünfzig Jahre her, daß der arische Walter Caspar Többens dem jüdischen Textilkaufmann Herz seine kleine Firma weggenommen hatte. In großen Anzeigen im »Weser-Kurier« feierte die Firma Többens dieses Jubiläum: »Többens wird 50 Jahre jung«. Und sie verspricht einen »großen Jubiläumsverkauf zu sagenhaften Preisen«.

Zwei Jahre später noch einmal Riesenanzeigen, in denen die Arisierung als gesellschaftliche Leistung gefeiert wurde: »Fortschritt in Vegesack – Wir sind da, wo der Trend ist – Többens«. Gleichzeitig wird angezeigt, daß sich die Firma über Norddeutschland verbreitet habe: »Filialgeschäfte in Delmenhorst, Vechta, Oer-Erkenschwick, neu in Nordenham«.

Im Juni 1988 allerdings hört der Fortschritt plötzlich auf: Die Firma Többens schließt. Die Inhaber Theodor Többens und seine Frau Annegret werden in Zeitungsberichten der »Verfehlungen in Millionenhöhe, der Warenunterschlagung und der überhöhten Privatentnahmen« beschuldigt. Sie seien ihren 77 Mitarbeitern 150 000 Mark Löhne schuldig geblieben. Ein Mitbesitzer der Kommanditgesellschaft Többens, Dr. Dieter Pukatzki, klagt, daß auf unerklärliche Weise 15 Millionen Mark verlorengegangen seien.

Mein kleines Vegesack gibt es nicht mehr. Es ist vernichtet worden durch die Bodenspekulation. Statt der alten Häuser sollten neue Mietobjekte gebaut werden. Die Sonnenapotheke wurde weggerissen. Die Hafenstraße – weg. Der kleine Marktplatz, an dem einmal das Kurzwarengeschäft der jüdischen Geschäftsleute Wolf gelegen hatte – weg. An das Haus erinnert nichts mehr, auch nichts an die Familie Wolf. Das Haus von Többens ist geblieben.

Manchmal besuche ich meinen Geburtsort. Einige Leute kenne ich noch, wenige. Manchmal sehe ich mir die Geschäftsleute an, den Apotheker, den Papierwarenhändler, den Bäcker, den Textilkaufmann. An den Gesichtern kann man nichts ablesen. Ich frage mich oft, was sie wohl tun würden, wenn es einen neuen Faschismus gäbe. Wären sie zu solchen Verbrechen fähig wie Walter Caspar Többens, wenn sie tausend Prozent Profit machen könnten?* Auch er war ja kein Mörder. Er wäre aus dem Getto davongelaufen, sagte er von sich, wenn er nicht so gut verdient hätte.

* »Mit entsprechendem Profit wird Kapital kühn. Zehn Prozent sicher, und man kann es überall anwenden; 20 Prozent, es wird lebhaft; 50 Prozent, positiv waghalsig; für 100 Prozent stampft es alle menschlichen Gesetze unter seinen Fuß; 300 Prozent, und es existiert kein Verbrechen, das es nicht riskiert, selbst auf die Gefahr des Galgens.« (Thomas Joseph Dunning, zitiert bei Karl Marx, Das Kapital)

Textilgeschäft Többens in Bremen-Vegesack an der Gerhard-Rohlfs-Straße. Die Firma ging 1988 in Konkurs. Vor der Nazizeit war hier einmal ein jüdischer Kleiderladen.

Geburtstagsspaziergang in die Hölle

Die folgenden Fotos hat der Wehrmacht-Feldwebel Heinrich Jöst aus Langenlonsheim am 19. September 1941 in Warschau gemacht. Er wurde an diesem Tag 43 Jahre alt. Die Filme ließ er von einem polnischen Drogisten entwickeln und davon Abzüge machen. Zu Hause mochte er die Bilder nicht zeigen und verschloß sie in seinem Schreibtisch.

41 Jahre später, am 19. November 1982, gab er sie Günther Schwarberg zur Veröffentlichung im »Stern«. Er erzählte ihm die Geschichte dieser Bilder und versuchte sich bei jedem Foto zu erinnern. Das war schwer, Heinrich Jöst war damals 84 Jahre alt, und er war nie wieder in Warschau gewesen.

Das Magazin »Stern« konnte sich lange nicht zur Veröffentlichung entschließen. Im Frühling 1988 wurden die Bilder in einer Ausstellung der jüdischen Gedenkstätte Yad Vashem in Jerusalem gezeigt. Die Anteilnahme der Bevölkerung war überwältigend. Bald darauf druckte auch der »Stern« acht dieser Fotos.

Heinrich Jöst hat das nicht mehr erlebt. Er ist am 3. Dezember 1983 gestorben.

Zu Hause mochte ich die Bilder nicht zeigen

Zu seinem 43. Geburtstag hatte der Hotelier Heinrich Jöst aus Langenlonsheim Freunde eingeladen. Er wollte mit ihnen im Hotel »Bristol« essen gehen. Aber an diesem Abend schmeckte ihm nichts mehr. Denn tagsüber hatte er mit seiner Rolleiflex 140 Fotos gemacht, und diese Bilder konnte er nie in seinem Leben wieder aus dem Gedächtnis löschen. Es waren Innenaufnahmen der Hölle, aus dem Getto von Warschau.

Heinrich Jöst war zu dieser Zeit deutscher Feldwebel im Warschauer Vorort Praga. »Ich wollte wissen, was hinter der Gettomauer vorgeht. Vorher hatte ich von alldem nichts gewußt, obwohl ich doch ein erwachsener Mensch war.«

Er fotografierte Straßenhändler und Leichenträger, sterbende Kinder und gutgekleidete Frauen. »Manche Händler hatten auch Lebensmittel, zum Beispiel Knoblauch oder Kartoffeln, aber immer nur ein paar Stück. Auch einzelne Bündel Sellerie habe ich gesehen.«

Heinrich Jöst 1941 in Warschau …

… und nach dem Krieg in Langenlonsheim

Er wurde nicht angebettelt. »Es war wohl, weil ich die deutsche Uniform trug. Zu Hause mochte ich die Bilder nicht zeigen. Aber man denkt ja automatisch: Herrgott, was ist das eigentlich für eine Welt?«

→

»Der Mann spielte immer die gleichen Töne auf seiner Geige. Seine Augen folgten mir, ich weiß nicht, ob aus Angst oder weil er auf ein Geldstück hoffte. Ich glaube, das war auf der Nowolipki-Straße.«

»Meine Mutter, meine Mutter!«

Seine Mutter hat er zum letzten Mal vor 55 Jahren gesehen. Da nahm Ahron Potschnik Abschied von seinen Eltern und seinen fünf jüngeren Geschwistern. Er ging ins gelobte Land Palästina und ließ sie zurück in Warschau. Sie hatten ein Geschäft für Herrenstoffe in der Gesia-Straße und wohnten in der Mila-Straße 13. »Die kleine Rocherle war damals erst ein Jahr alt, noch ein richtiges Baby.« Anfang 1941 bekam Ahron Potschnik die letzte Karte von zu Hause, durchs Rote Kreuz. Dann hörte er nichts mehr. »Nach der Niederschlagung des Getto-Aufstandes erfuhr ich, daß gegenüber unserm Haus in einem Keller in der Mila-Straße ein Zentrum der Aufständischen war. Da hatte ich kaum noch Hoffnung, daß einer von uns überlebt hatte. Wahrscheinlich sind sie alle im Getto umgekommen oder in Treblinka vergast.« Nach dem Kriege suchte er durchs Rote Kreuz, durch Anzeigen in Zeitungen. Vergeblich...

Ahron Potschnik 1989 in Tel Aviv mit dem Foto seiner Mutter

Jetzt sah er in der Gedenkstätte Yad Vashem in Jerusalem die Ausstellung mit den Fotos von Heinrich Jöst. Plötzlich stand er vor dem Bild seiner Mutter. Er schrie auf: »Meine Mutter, meine Mutter!« Er erkannte sogar den Korb aus seiner Kinderzeit. »Ich konnte einfach nicht begreifen, was ich sah.« Seine Kinder und seine Enkel versammelten sich in seinem Haus in Tel Aviv und zündeten die Gedenkkerze an. Monatelang danach hatte er Alpträume. »Aber ich bin diesem deutschen Soldaten dankbar, weil er mir ein letztes Lebenszeichen meiner Mutter gegeben hat.«

Die Eltern Menucha und Israel Potschnik

→

Ahron Potschnik, als er dieses Foto sah: »Hier seht, Mutter verkauft eingelegte Gurken. Der große Rohrkorb stammt noch aus meiner Kinderzeit.«

Die Krochmalna

Hier ist einmal ein Nobelpreisträger zur Schule gegangen. Es ist die Krochmalna, eine typische Straße im jüdischen Bezirk von Warschau. Isaac Bashevis Singer, der Enkel des Rabbis von Bilgoraj, beschreibt in seinem Buch »Eine Kindheit in Warschau« das Leben auf dieser Straße: »Unsere Wohnung in der Krochmalna 10 hatte einen Balkon, auf dem ich oft viele Stunden stand und nachdachte … Die Häuser hier schienen noch höher als anderswo zu sein. Das Gedränge, Gestoße und Geschrei erinnerten mich an das Feuer, das ich einige Wochen zuvor in Radzymin gesehen hatte, und ich glaubte felsenfest, hier in Warschau sei auch ein Feuer ausgebrochen … In der Krochmalna wuchsen keine Bäume. In der Nähe von Nr. 24, wo ich in den Cheder* ging, stand ein Baum, aber es war weit von unserem Haus bis Nr. 24.«

An einen Baum in der Krochmalna kann sich der Rikscha-Fahrer Stefan Szczupak nicht erinnern. »Ich glaub, im ganzen Getto gab es keinen Baum.« Und hätte es einen gegeben, er wäre abgeholzt worden, weil die Menschen keine Kohle und kein Holz hatten und sich zu Tode froren.

Zehn Jahre seines Lebens hat Isaac Bashevis Singer in der Krochmalna gewohnt, hat mit 22 Jahren zu schreiben angefangen, ist zum Glück 1935 nach Amerika ausgewandert. Dort lebt er heute noch und hat 1978 für seine Bücher den Nobelpreis für Literatur erhalten. Zurückgelassen auf der Krochmalna hat er eine ganze Welt, die es heute nicht mehr gibt und die er in seinen Büchern weiterleben läßt: »Es gibt Menschen auf dieser Welt, die schon als gute Menschen geboren werden. Zu ihnen gehörte Reb Ascher, der Milchmann … Mögen diese Erinnerungen ein Denkmal sein für Ascher und für Menschen wie ihn, die wie Heilige lebten und als Märtyrer starben.«

Isaac Bashevis Singer, 22 Jahre alt

* Der Cheder ist die religiöse jüdische Jungenschule.

→

Auch am 19. September 1941, als Heinrich Jöst dieses Foto machte, war ein Menschengedränge auf der Krochmalna, als sei ein Feuer ausgebrochen. Ein Jahr später, nach den großen Deportationen, war die Straße menschenleer.

Mein Vater hat seinen Mantel verkauft

»Im Winter 1941 hat mein Vater seinen Mantel verkauft und mir dafür eine Rikscha beschafft«, erzählt Stefan Szczupak. Er war damals 19 Jahre alt. »Ich bin den ganzen Tag gefahren, dann hab' ich 100 Zloty verdient. Das war gerade genug, um dafür ein Brot zu kaufen. Davon hat die ganze Familie gelebt.«

Stefan Szczupak nach der Befreiung

Als Heinrich Jöst am 19. September 1941 im Getto fotografierte, fuhren dort noch Straßenbahnen. Sie hatten einen Davidstern an der Vorderseite. Bald darauf wurde der Betrieb eingestellt. Danach waren ein paar Pferdewagen und die vielen Rikschas einzige Transportmittel im Getto für Kranke, Lasten, für Reiche, auch für deutsche Soldaten und SS-Leute. Stefan Szczupak war klein, widerstandsfähig. Aber das Rikschafahren war schwer.

»Man denkt, das Getto sei ganz eben gewesen. Aber es gab auch Steigungen. Kranke Leute konnte man leicht transportieren, aber die SS-Soldaten, dazu noch mit ihren Karabinern, die waren schwer. Ich hatte immer Angst, wenn ich SS-Leute fuhr, daß die Reifen kaputt gehen, was die dann mit mir machen. Da bin ich heimlich über die Gettomauer gegangen und habe mir auf dem schwarzen Markt, Kelczela hieß der, zwei Reifen gekauft. Sie hatten ein gutes Profil. Aber bin ich zweimal gefahren, sind sie an den Seiten geplatzt, und da waren die Reifen kaputt, und ich mußte wieder flicken, immer flicken.«

Von neun Uhr morgens bis fünf Uhr abends durfte man auf der Straße sein. Dann war Sperrstunde. Stefan Szczupak ist auch dann unterwegs gewesen, SS-Leute von der »Befehlsstelle« fahren. »Wenn die ein Licht sahen, sind sie manchmal hinaufgegangen zu den Leuten. Die haben ihnen dann Geld gegeben, hundert Zloty oder zweihundert. Was die Leute für Angst gehabt haben müssen, wenn nachts plötzlich SS-Männer vor ihrer Tür standen!«

⟶

»So was hatte ich noch nie gesehen«, berichtet Heinrich Jöst, »Menschen als Transportmittel. Sie existierten nur hinter den Gettomauern.«

Die Kinder meines Volkes

Am 23. Juli 1942 schrieb Adam Czerniakow einen kurzen Brief und legte ihn auf seinen Tisch im Büro der Jüdischen Gemeinde: »Sie verlangen von mir, mit eigenen Händen die Kinder meines Volkes umzubringen. Es bleibt mir nichts anderes übrig, als zu sterben.« Dann nahm er Zyankali. In seinem Tagebuch fand man die Notiz: »Worthoff vom Umsiedlungsstab erschien, mit dem ich eine Reihe Fragen besprach [...] Im Hinblick auf die Waisen ordnete er an, mit Höfle Rücksprache zu halten.«

Hermann Worthoff war ein Obersturmführer, der SS-Sturmbannführer Hermann Höfle leitete den »Aussiedlungsstab«. Mit 20 Leuten organisierten sie die Ermordung der 400 000 Menschen des Warschauer Gettos. Die Rücksprache mit Höfle hatte keinen Erfolg: Auch die Waisen sollten »umgesiedelt« werden.

Der 5. August 1942 war ein heißer Tag, als Dr. Henryk Goldszmit mit den 200 Kindern des Jüdischen Waisenhauses zum Umschlagplatz ging. Unter SS-Begleitung marschierten sie zum Warschauer Bahnhof. Die Kinder stiegen in einen Zug, der aus Güterwagen bestand. Als letzter verschwand Dr. Goldszmit. Einen Bericht über ihren Weg nach Treblinka gibt es nicht. Man weiß nur, daß der Zug für die kurze Strecke ungefähr elf Stunden brauchte. Dann gingen sie zwischen zwei Stacheldrahtzäunen in die Gaskammer. Als letzter Dr. Goldszmit.

Holzschnitt: Janusz Korczak und seine Kinder

Eines seiner Bücher, das er unter dem Namen Janusz Korczak veröffentlicht hatte, hieß: »Wie man ein Kind lieben soll«.

»Ich kann nicht sagen, auf welcher Straße dies war. Sie saßen ja überall herum, diese hungernden Kinder, die um ein wenig Geld bettelten.«

Pinkert ist ein Biest

Der Beerdigungsunternehmer Mordechai Pinkert nahm den Toten die Lebensmittelkarten ab. Die Schriftstellerin Krystyna Zywulska erzählt, daß die Kinder auf den Straßen des Gettos ein Lied sangen:

»Aj, die Karte,
ich geb die Karte nicht her,
denn Pinkert ist ein Biest,
er nimmt die Karte von allen,
aj, die Karte.«

Benjamin Gruszka, Bolek genannt, heute in Lübeck. An diesem Platz war er 1947 Dolmetscher im Lager der jüdischen »Exodus«-Flüchtlinge

Unter denen, die bei Pinkert als Leichenträger gearbeitet haben, war ein 16jähriger Junge namens Bolek. Eigentlich heißt er Benjamin Gruszka – er hat überlebt. Sein Vater hat seinen Gemüsehandel aufgeben müssen, als es im Getto kein Gemüse mehr gab, und wurde Leichenträger bei Pinkert. Aber bald wurde er »umgesiedelt« – nach Treblinka. Da hat Bolek die Leichenträgerarbeit übernommen. »Ich hab' auch gesehen, was sich abgespielt hat bei der Befehlsstelle der Gestapo in der Zelazna 101 im Keller. Da haben sie laufend Massaker gemacht, laufend haben wir frisch erschossene Juden rausgeholt. Frauen, ältere Menschen. Immer kam ein Anruf bei Pinkert, und dann ging's los. Pinkert hat Telefon gehabt bis kurz vor Schluß. Der Anruf ist angekommen von der jüdischen Polizei: Einsatz, zur Befehlsstelle! Keller aufräumen! Das ging so routinemäßig wie heute der Handel mit Kohl oder Kartoffeln. Von den Menschen tropfte noch Blut.«

⟶

»Auf der Nowolipki-Straße gab es das Büro eines Beerdigungsunternehmers. Da war richtiger Andrang.«

M.PINKIERTA
מ. פינקערט
11

Ein Feldwebel geht einkaufen

Groß war das Getto nicht. Heinrich Jöst hat später festgestellt, daß er auf manchen Fotos dieselben Personen ein zweites Mal fotografiert hat. Zum Beispiel einen deutschen Feldwebel. Der war, begleitet von einem einfachen Soldaten immer einige Schritte hinter sich, offenbar zum Einkaufen ins Getto gekommen. Auf diesem Foto ist er ganz rechts am Bildrand zu erkennen. Die Aufnahme auf der vorhergehenden Seite hatte ihn (und den Soldaten) vor dem Büro des Beerdigungsunternehmers Pinkert festgehalten. Ein drittes Mal sind die beiden auf dem Foto zu sehen, das eine Gruppe Jugendlicher am Straßenrand zeigt.

Alles konnte man im Getto kaufen, auch Lebensmittel und Kaffee. Aber die waren um ein Vielfaches teurer als im »arischen« Teil von Warschau. Billig waren Pelze, Anzüge, Kleider, Mäntel, Maschinen, Fotoapparate, elektrische Geräte. Die Juden verkauften das alles auf den schwarzen Märkten, um sich dafür ein wenig der teuren Lebensmittel kaufen zu können. Ein Brot kostete 100 Zloty.

Das war nicht nur im Warschauer Getto so. Überall, wo die Nazis Juden eingesperrt hatten, war das Essen unerschwinglich teuer und die Pelze spottbillig in »diesen ersten Supermärkten mit Discountpreisen«, schreibt Niklas Frank, der Sohn des deutschen Generalgouverneurs Hans Frank: »Wie gierig gern fuhr Mutter mit ihrem Mercedes nebst SS-Bewachung zum Einkaufen rein. ›Kinder‹, rief sie bei der Rückkehr, ›nirgends gibt's schönere Korseletts als im Getto!‹ Ich durfte mit, an der Hand von Kinderschwester H. Im Fond des Mercedes, ich saß nicht, ich stand, drückte die Nase ans Fenster, viel schwarze Uniform ringsum, langsam fuhr ich durch enge Straßen, vorbei an schlottrigen Menschen, mich anglotzenden Kindern, es muß ein Sonntag gewesen sein, denn ich hatte mein reizendes Pepitahöschen und -jäckchen an... Hier am Eck halten Sie, Fahrer, da haben sie so schöne Korseletts – ah, und die Pelze erst! Ich blieb im Wagen und streckte einem Kind die Zunge heraus. Da ging es weg, und ich war Sieger!«*

* Niklas Frank, Der Vater (Bertelsmann-Verlag, München)

→

»Händler, Rikscha-Fahrer, Passanten und ein Feldwebel auf der Nowolipki-Straße.«

Leichenwagen mit doppeltem Boden

Der jüdische Friedhof grenzte an den polnischen Friedhof und an den Fußballplatz »Skra«. Beide waren durch eine Mauer getrennt. Über diese Mauer wurden Menschen und Waren geschmuggelt, auch Waffen. Viele Leichenwagen hatten doppelte Böden oder doppelte Wände, sie wurden zum geheimen Transport benutzt.

Mit lachenden Gesichtern holten die deutschen Polizisten und SS-Leute beim Aufstand die Juden aus den Kellern, um sie zu erschießen.

Der Leichenträger Benjamin Gruszka (»Bolek«) berichtet: »1941 begann der große Schmuggel. Da waren Verbindungsleute, man durfte nicht neugierig sein. Die haben uns mitgebracht Lebensmittel und Munition fürs Getto. Wir haben die Sachen versteckt in den Leichenwagen. Die hatten doppelte Wände. Wir sind zu zweit gefahren. Die Leichenwagen waren so gemacht, daß keiner wußte, daß da Platz ist für Essen, Lebensmittel, Waffen. Man hat Angst gehabt, verraten zu werden.«

Auch in den Werkstätten des Gettos wurden heimlich Waffen hergestellt und Munition fabriziert. Zwei Zeitungen der illegalen kommunistischen Arbeiterpartei, »Einigkeit« und »Der Hammer« riefen zum Widerstand auf. Auf Initiative von Pinkus Kartin hatte sich ein »Antifaschistischer Block« gegründet. Schließlich kam es am 28. Juli 1942 zum Zusammenschluß der einzelnen Gruppen: Die »Jüdische Kampf-Organisation« (Zydowska Organizacja Bojowa, abgekürzt ZOB) wurde gegründet. Mordechai Anielewicz wurde ihr Führer. Die Nazis glaubten, die Juden »seien in ihrem halbverhungerten Zustand gar nicht fähig, an Widerstand überhaupt nur zu denken«. Das erklärte der SS- und Polizeiführer in Warschau, Arpad Wigand, noch am 15. Oktober 1941 dem Generalgouverneur Hans Frank.

»Wohin ich auch kam im Getto, überall fuhren Leichenwagen wie dieser.«

20 - 11.38 26
PINKIERTA

Die Grenzen des Gettos

Das Getto von Warschau am 17. September 1941, als Heinrich Jöst seine Aufnahmen machte. Die Gettogrenzen wurden immer wieder verändert, es wurde kleiner, vor allem nach den großen Deportationen im Sommer 1942.

(Karte: Bettina Schwarberg)

»Damals fuhren noch polnische Straßenbahnen mit hohem Tempo durch das Getto hindurch. Hier das Tor an der Leszno-Straße, während gerade ein Polizeiwagen vorgefahren ist. Auf dem Trittbrett ein polnischer Spitzel in Zivil.«

Jenseits der Mauer drehte sich ein Karussell

Während dies alles geschah im Innern des Gettos, schien auf der »arischen« Seite das Leben weiterzugehen wie immer seit der Besetzung.

»Wir sahen ein Karussell und die Leute, wir hörten Musik und hatten schreckliche Angst, die Musik könnte uns übertönen«, erzählt heute der 68jährige Arzt Dr. Marek Edelman. Er hat das Getto überlebt und ist jetzt Herzspezialist am Krankenhaus in Lodz. Damals war er ein Bote, der die Kranken vom Umschlagplatz zurückbrachte ins Gettospital. Denn weil die Juden an die »Umsiedlung« glauben sollten, ließen die Nazis Kranke aus den Transporten aussondern. Einzelne unter Tausenden.

Edelman holte aus diesen vorübergehend Verschonten wichtige Informationen heraus: Was war auf dem Umschlagplatz geschehen? Welche Befehle hatte man ihnen gegeben? Was war über das Ziel bekannt geworden? Die Nachrichten leitete er an den Widerstand weiter.

Dann übernahm er beim Beginn des Aufstandes am 19. April 1943 selbst eine 40 Mann starke Gruppe. Sie kämpften bis zum 8. Mai. Dann hatte die SS ihren Bunker an der Mila-Straße 18 entdeckt. Cywia Lubetkin berichtete: »Unsere Kämpfer verschanzten sich am Eingang. Die Deutschen gingen schließlich dazu über, Gas einströmen zu lassen. Dann begannen die Selbstmorde. Lutek Rotblat schoß viermal auf seine Mutter, die sich selbst dann noch bewegte. So kam der Tod zu den tapfersten jüdischen Kämpfern, etwa 100. Unter ihnen befand sich auch Mordechai Anielewicz, unser stattlicher Kommandant, den wir alle so sehr liebten.«

20 konnten durch einen Gang entkommen, auch Cywia Lubetkin und Marek Edelman.

Marek Edelman, damals Führer einer Widerstandsgruppe, heute Herzspezialist in Lodz

→ »Ich konnte es nicht fassen, wie viele tote Menschen in einer solchen Grube Platz fanden.«

130 000 Kinder

Die Historikerin Ruta Sakowska hat errechnet, wie viele Kinder des Warschauer Gettos gestorben sind:

»Das Warschauer Getto zählte zur Zeit der höchsten Belegung im April 1941 rund 450 000 Insassen, darunter rund 130 000 Umsiedler aus anderen Zentren. Die Oberfläche des Gettos betrug rund 307 Hektar, so fielen auf einen Insassen zirka 7 Quadratmeter. Die Gettostraßen waren derart überfüllt, daß sich die Passanten nur mühevoll den Weg über den Fahrdamm bahnten. Kleine Kinder im Getto erinnerten sich kaum daran, wie Wald, Feld, Wiese aussehen, konnten ein Pferd von einer Kuh nicht unterscheiden. Der Energiewert der amtlichen Tageszuteilung an Lebensmitteln betrug 220 Kalorien pro Person.

Die Bilanz der Verluste des Warschauer Gettos beläuft sich auf zirka 96 000 Menschen, die vor Hunger und Erschöpfung starben. Eine der Folgen der hohen Sterblichkeit war die Verwaisung und Vereinsamung der Kinder. Die Gesamtzahl der Kinder bis zu vierzehn Jahren wurde im Januar 1942 auf rund 100 000 geschätzt, davon brauchten rund 75 Prozent Hilfe.

Unter den Waisen und verlassenen Kindern verbreiteten sich Elendskrankheiten: Typhus, Ruhr, die ägyptische Augenkrankheit, Hautkrankheiten, die Tuberkulose. Eine große Zahl Kinder beteiligte sich am Schmuggel. Die Schulen, auch die Volksschulen für jüdische Kinder, in Warschau wurden im Dezember 1939 von den Okkupanten geschlossen. Gruppen von hungernden, zerlumpten, kranken Kindern, dem Einfluß der Straße ausgesetzt, bildeten eines der brennendsten Sozialprobleme des geschlossenen Stadtteils.

Im Warschauer Getto entwickelte sich, ähnlich wie im ganzen okkupierten Lande, der Geheimunterricht. Er war mit betreuerischer Tätigkeit in Küchen und Kulturräumen, in Halbinternaten und Kinderecken in Wohlblocks verknüpft.

Die Gesamtbilanz der Bevölkerungsverluste des Warschauer Gettos betrug: rund 100 000 Menschen an Hunger und Krankheiten gestorben, rund 370 000 ermordet im Getto, in Treblinka, Majdanek, Trawniki und Poniatowa. Unter den rund 500 000 Opfern der Nazibarbarei im Getto waren rund 130 000 bis 135 000 Kinder bis zu vierzehn Jahren.«

»Der 19. September war ein kalter Tag, als ich diese beiden Mädchen auf der Krochmalna-Straße fotografierte. Vielleicht war die eine noch ein Kind, man konnte es nicht erkennen. Man sah nur, daß sie nicht mehr Kraft zum Leben hatte.«

Erschossen von der polnischen Polizei

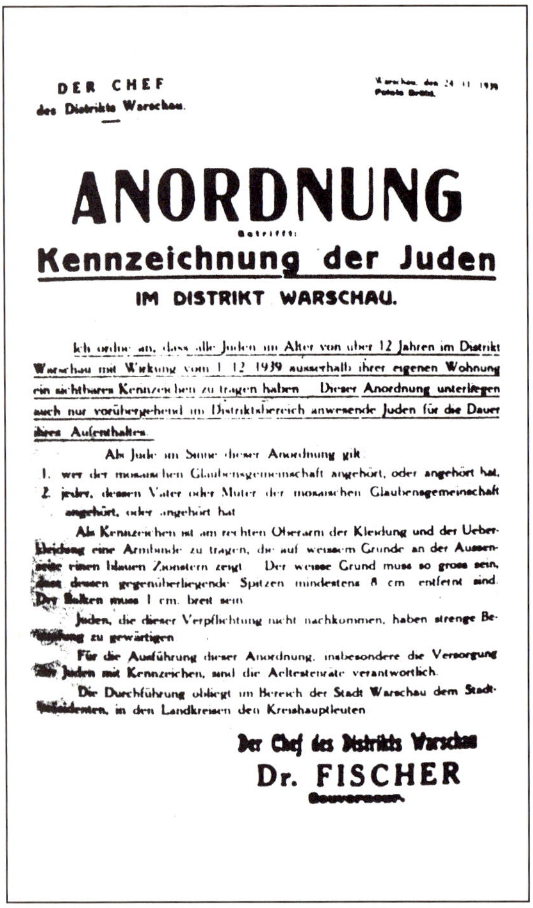

DER CHEF
des Distrikts Warschau.

ANORDNUNG

Betrifft:

Kennzeichnung der Juden

IM DISTRIKT WARSCHAU.

Ich ordne an, dass alle Juden im Alter von über 12 Jahren im Distrikt Warschau mit Wirkung vom 1. 12. 1939 ausserhalb ihrer eigenen Wohnung ein sichtbares Kennzeichen zu tragen haben. Dieser Anordnung unterliegen auch nur vorübergehend im Distriktsbereich anwesende Juden für die Dauer ihres Aufenthaltes.

Als Jude im Sinne dieser Anordnung gilt:

1. wer der mosaischen Glaubensgemeinschaft angehört, oder angehört hat,
2. jeder, dessen Vater oder Mutter der mosaischen Glaubensgemeinschaft angehört, oder angehört hat.

Als Kennzeichen ist am rechten Oberarm der Kleidung und der Ueberkleidung eine Armbinde zu tragen, die auf weissem Grunde an der Aussenseite einen blauen Zionstern zeigt. Der weisse Grund muss so gross sein, dass dessen gegenüberliegende Spitzen mindestens 8 cm entfernt sind. Der Balken muss 1 cm. breit sein.

Juden, die dieser Verpflichtung nicht nachkommen, haben strenge Bestrafung zu gewärtigen.

Für die Ausführung dieser Anordnung, insbesondere die Versorgung der Juden mit Kennzeichen, sind die Aeltestenräte verantwortlich.

Die Durchführung obliegt im Bereich der Stadt Warschau dem Stadtpräsidenten, in den Landkreisen den Kreishauptleuten.

Der Chef des Distrikts Warschau
Dr. FISCHER
Gouverneur.

Mit strengen Strafen wurden die Juden bedroht, die keine Armbinden trugen. Der nächste Schritt war die Ankündigung der Todesstrafe für das Verlassen des Gettos.

Auf Verlassen des Gettos stand die Todesstrafe. Viele Juden wurden von den Polizeiposten an der Gettomauer ohne Urteil erschossen. Am 12. November 1941 wurden solche Morde aber auch von deutschen Richtern des »Sondergerichts Warschau« justizförmig vorgenommen: Acht Juden wurden »wegen unbefugten Verlassens des jüdischen Wohnbezirks« zum Tode verurteilt und fünf Tage später erschossen.

Adam Czerniakow, der Vorsitzende der Jüdischen Gemeinde, notierte in seinem Tagebuch:

»12. XI. 41. Inoffiziell traf die Nachricht ein, daß diejenigen, die die Gettogrenze überschritten haben, übermorgen im jüdischen Arrestlokal erschossen würden. Unter ihnen sind Frauen. Nicht bekannt ist, wer die Exekution ausführt: die Polnische Polizei oder der Jüdische Ordnungsdienst.

14. XI. 41. Ich rief Auerswald an und bat ihn um Genehmigung eines Telegramms von Seiten der Familien – in der Sache der im jüdischen Arrestlokal einsitzenden Verurteilten – an Frank.

15. XI. 41. Szerynski erfuhr, daß die Exekution am nächsten Mittwoch (heute ist Samstag) morgens um 6.30 von der polnischen Polizei durchgeführt wird. Gestern haben die Familien um Begnadigung telegraphiert. Der Entscheidungsträger hat beschlossen, von seinem Begnadigungsrecht keinen Gebrauch zu machen.

17. XI. 41. Um 7.30 ist auf dem Gefängnisgelände die Exekution vollzogen worden. Anwesend waren 32 polnische Polizisten. Lichtenbaum bereitete die Holzwand vor.«*

* Adam Czerniakow, Im Warschauer Getto (Verlag C. H. Beck, München 1986)

→

»Von den Karren warfen die Leichenträger die nackten Körper in die Gruben. Dabei trugen sie merkwürdige ›Handschuhe‹ aus Holz.«

Das Schandeband

Sie hatten sich verschiedene Kennzeichen ausgedacht, um Menschen von Untermenschen zu unterscheiden. Das erste war ein »J« für Jude, das in den Paß eingestempelt wurde. Selbst die Schweiz legte Wert auf diese Deutlichkeit, damit keine unerwünschten Einwanderer ins Land kamen. Dann mußten sich die Juden in Deutschland neue Vornamen geben lassen: Alle jüdischen Frauen hießen mit zweitem Namen Sarah, alle jüdischen Männer Israel. Der Jurist, der dies ausgebrütet hatte, war Dr. Hans Globke und wurde nach dem Krieg höchster Beamter der Bundesrepublik, Staatssekretär des Bundeskanzlers Adenauer. Dann mußten sich die Juden einen gelben Stern auf Mäntel, Kleider und Jacken nähen.

Als die deutsche Wehrmacht in Polen eingefallen war, verordneten die arischen Herren den Juden eine weiße Armbinde mit einem blauen Davidstern. »Wir nannten sie das Schandeband«, berichtet Benjamin Gruszka, »und wir meinten damit die Schande, die sich die Deutschen damit zufügten.«

Viele machten sich das Zeichen selbst. Aber es gab auch Armbinden zu kaufen, aus Papier, aus Stoff sogar mit einem gestickten Davidstern und einer Cellophan-Hülle. Die Preise lagen zwischen 50 Groschen und zwei Zloty. Wenn das Band zusammengedrückt oder schmutzig war, konnte es passieren, daß man von einem Soldaten oder SS-Mann geschlagen wurde. Doch die Juden im Getto registrierten auch Menschen. Im Archiv des Historikers Dr. Emanuel Ringelblum gibt es die folgende Notiz: »27./28. Februar 1941: Zu einem Juden, der seine Armbinde verloren hat, sagte ein deutscher Offizier: ›Sie, Jude, Sie haben das 20. Jahrhundert verloren.‹«

Die letzte Kennzeichnung war die eintätowierte Nummer von Auschwitz. Wer sie bekam, hatte noch eine kleine Lebenschance. Die anderen gingen direkt ins Gas.

→

»Mit geschlossenen Augen stand die Frau vor der Wand, an der halbabgerissene Plakate ein Sinfoniekonzert mit Szymon Pullman im Konzertsaal auf der Rymarska 12 und eine Veranstaltung im Café Ogród auf der Nowolipie-Straße 36 ankündigten. Sie verkaufte gestärkte Armbinden mit dem Davidstern und wirkte, als würde sie im nächsten Augenblick tot umfallen.«

SYMFONICZNA
DYREKCJA i ART
GORA

Eine Scheibe Brot am Tag

Am 23. Mai 1941 hatte das illegale »Informations-Bulletin« gemeldet:

»Die Absonderung der Juden hatte vor allem wirtschaftliche Folgen. Das Getto konnte nur noch mit sich selbst Handel treiben, also mit Juden, die in der großen Mehrheit arm waren. Von der Welt draußen kamen keine Lebensmittel. Der Schmuggel war durch die Abgeschlossenheit sehr schwer. Die Not breitete sich aus. Die Gesundheit der zusammengepferchten Menschen verschlechterte sich zusehends.

Das Warschauer Getto hatte keine einzige Grünfläche, nur den Friedhof. Es reichte nicht bis an die Weichsel heran. Die Enge war so groß, daß im Schnitt sechs Personen in einem Zimmer leben mußten. In manchen Räumen lebten aber auch zwanzig Personen. Die Bevölkerungsdichte im Getto war, den Angaben der Einwohnerstatistik zufolge, 1110 Menschen pro Hektar, während sie im arischen Teil Warschaus 70 Menschen pro Hektar betrug. Es gab nur sehr wenige Arbeitsmöglichkeiten. Durchschnittlich hatten nur zehn bis zwanzig Prozent der Gettoeinwohner eine Arbeit in Betrieben und kleinen Läden.

Die Vorräte an Lebensmitteln werden immer kleiner, die Preise immer höher. Für die Produkte der Industrie liegen die Preise auch im Getto nicht viel höher als in der Zeit vor dem Krieg. Für Lebensmittel muß man Phantasiepreise zahlen. Pro Woche erhält ein Jude im Getto auf seine Lebensmittelkarte 750 Gramm Brot, eine Scheibe pro Tag. Heizmaterial gibt es überhaupt nicht, nur auf dem Schwarzen Markt. Hunger und Frieren sind ein furchtbares Schicksal der Gettobevölkerung.

Im Januar 1941 waren durch den Zustrom aus anderen Städten und Landgebieten fast eine halbe Million Menschen im Getto. Die hygienischen Bedingungen sind unbeschreiblich schlecht. Die Straßen sind von Menschen überfüllt, die unterernährt sind. An den Hauswänden sitzen und liegen die Bettler. Oft sieht man Sterbende. Im Heim für Findelkinder werden täglich rund zehn ausgesetzte Neugeborene eingeliefert.«

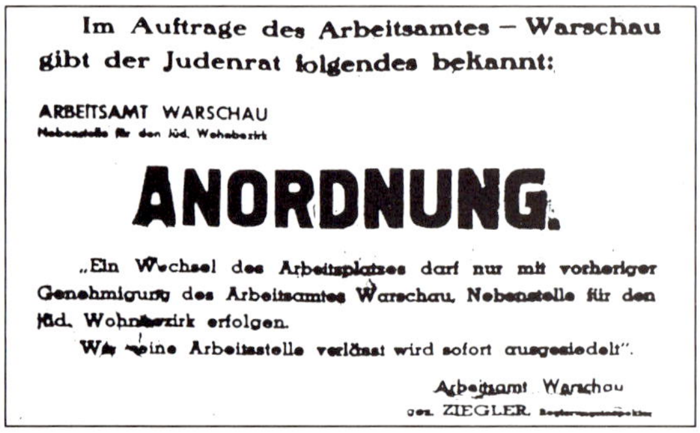

Im Auftrage des Arbeitsamtes – Warschau
gibt der Judenrat folgendes bekannt:

ARBEITSAMT WARSCHAU
Nebenstelle für den Jüd. Wohnbezirk

ANORDNUNG.

„Ein Wechsel des Arbeitsplatzes darf nur mit vorheriger Genehmigung des Arbeitsamtes Warschau, Nebenstelle für den Jüd. Wohnbezirk erfolgen.

Wer seine Arbeitsstelle verläßt wird sofort ausgesiedelt".

Arbeitsamt Warschau
gez. ZIEGLER

Regierungsinspektor Ziegler ordnete an, daß die Juden bis zur Vergasung an ihrem Arbeitsplatz bleiben mußten.

»Dies war so ein kleiner Laden. Mir war der Name Grynbaum aufgefallen. Zwiebeln gab es, Sodawasser, Brot, Tütensuppe und Trockengemüse. Ich sah niemanden dort einkaufen.«

KAWA
Schicht
100%
Ceres
OCET

Ein Kind wird begraben, um weiterzuleben

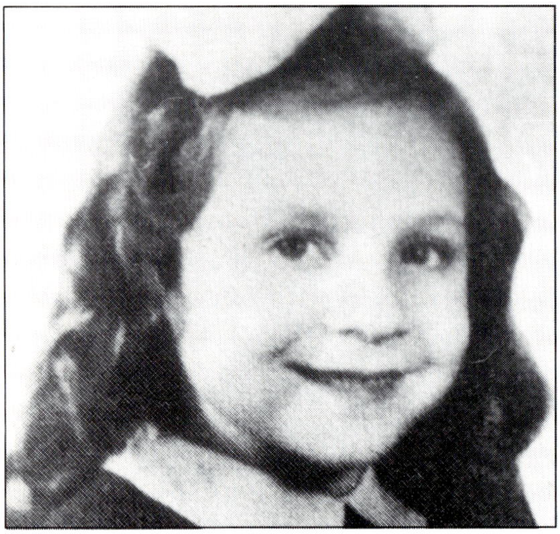

Jasia Starkopf, nach ihrer Rettung

Ein Mädchen gelangte über den Friedhof in die Freiheit. Es hieß Jasia. Seine Eltern, Pela und Adam Starkopf, hatten sich durch polnische Freunde »arische« Papiere besorgt und hießen nun Adam und Zofia Bludowski. Am 31. Juli 1943 kam ein befreundeter Arzt zu ihnen und gab Jasia eine Spritze, um sie für eine halbe Stunde einzuschläfern. Mittags um halb zwei wurden Pela und das Baby mit einem Leichenwagen von der Nowolipki-Straße 43 abgeholt. Das Kind wurde in ein Bettuch gewickelt, in eine kleine Holzkiste ohne Deckel gelegt und mit einem schwarzen Tuch zugedeckt. Das war der übliche Sarg für Kinder. Die Mutter zog alte schwarze Trauerkleidung an und setzte sich einen schwarzen Hut mit einem schwarzen Schleier auf. Um genau 1 Uhr 45 kam der Leichenwagen am Gettotor auf der Okopowa-Straße an, gegenüber dem Eingang zum Friedhof, eine Viertelstunde bevor der bestochene Wachposten abgelöst wurde. Aus sicherer Entfernung hatte der Vater in der Nähe des Tores beobachtet, wie Pela und Jasia auf den Friedhof kamen. Sie sollten im Leichenhaus auf ihn warten, bis er sie um neun Uhr abends in der Dunkelheit abholen würde. Aber der Friedhofswärter wollte Pela das Kind abnehmen und zu einem Massengrab bringen. »Rühren Sie sie nicht an, sie lebt!« sagte die Mutter. Der Mann starrte sie an, als sei sie eine Wahnsinnige. Abends kroch Adam Starkopf in einem abgelegenen Teil des Gettos durch ein Loch in der Mauer und streifte seine Armbinde ab. Er ging zum alten Tartarenfriedhof, der sich an den jüdischen Friedhof anschließt. Dort kroch er über die Mauer. Der Friedhofswärter, Herr Navojak, half ihm. Er holte Pela und das Kind aus dem Leichenhaus. Sie versteckten sich eine Zeitlang in einem Mausoleum, bis sie sicher waren, daß alles still war. Dann klopfte Adam dreimal gegen die Mauer. Auf einer Leiter erschien Herr Navojak, reichte eine zweite Leiter über die Mauer, und ein paar Minuten später waren die drei Flüchtlinge auf der Mlynarska-Straße.

Heute leben sie in Chicago. Adam Starkopf hat sein Leben in einem Buch geschildert: »There is always time to die«, Holocaust Library New York, 1981.

→

»Nicht einmal zugenagelt waren die Holzkisten, die sie als Särge verwandten. Man konnte durch die Ritzen die Leichen sehen.«

Die letzte Hilfe

Auf der Nowolipki-Straße 20, neben einem Hygiene-Geschäft, war das Beerdigungsinstitut »Letzte Hilfe« von Natan Wittenberg, Konkurrent von Mordechai Pinkert. Die Bestatter machten das große Geschäft, ihr letztes.

Ein paar Häuserblocks weiter auf der Nowolipki-Straße wurde für die Nachwelt die Geschichte des Gettos gerettet. Unter dem Keller des Hauses Nummer 68 wurden zehn Metallkisten vergraben. In ihnen hatten der Historiker Emanuel Ringelblum und seine Mitarbeiter Zehntausende Blatt Material untergebracht. Aufzeichnungen aus den Tagen der Naziherrschaft.

In einem Brief hatte David Graber dazu am 19. August 1943 geschrieben: »Die Aussiedlung der Warschauer Juden dauert schon ununterbrochen seit dem 20. Juli. Auf der Straße darf ich mich nicht blicken lassen, aber auch in der Wohnung ist niemand sicher. Jede Verbindung zu den Kameraden ist abgerissen. Wir sind zu dritt übriggeblieben: Kollege Lichtenstein, Grzywac und ich. Wir wollen ein Testament machen, Material über die Aussiedlung sammeln und alles vergraben. Aber wir müssen uns damit beeilen.«*

David Graber wurde neunzehn Jahre alt. Auch die beiden anderen, mit denen er die Kisten vergrub, Lichtenstein und Grzywac, haben nicht überlebt. Zwei andere Mitarbeiter Ringelblums konnten entkommen, Rachel Auerbach und Hersch Wasser. Nach ihren Angaben wurden unter den Ruinen des Hauses Nowolipki-Straße 68 am 1. September 1946 die zehn Metallkisten ausgegraben. Es gab noch weiteres Material, in Milchkannen vergraben, aber die beiden Überlebenden konnten die Stelle nicht wiederfinden. Nach vier Jahren Suche und Vermessungsarbeiten wurde am 1. Dezember 1950 auch der zweite Teil des Ringelblum-Archivs geboren. Heute ist diese einzigartige historische Sammlung aus einer ermordeten Welt im Jüdischen Historischen Institut in Warschau.

* Zitiert nach Joseph Wulf, Das dritte Reich und seine Vollstrecker, Frankfurt o.J., S. 47

→

»Überall in den Getto-Straßen sah man die schwarzen Wagen der Bestattungsunternehmen. Ich folgte ihnen auf ihrem Weg zum Friedhof. Zufällig habe ich hier wieder den deutschen Feldwebel im Bild.«

BIURO POGRZEBOWE
„OSTATNIA DROGA"
POD KIEROWNICTWEM NATANA WITTENBERGA
לשכת לויות „דרך של אמת"
NOWOLIPKI 20 TEL. 11-38-26
NOWOLIPKI

Brot und Hunger

Im Juli 1942 gab es fast täglich Razzien. Die Menschen wurden aus den Häusern getrieben und zum »Umschlagplatz« gebracht. Sie kamen von dort nach Treblinka zum Vergasen.

Es gab Brot, es gab Kuchen, es gab Salzgurken. Aber wer konnte das kaufen? Wer konnte die Schwarzmarktpreise bezahlen? Zwei Kinder verhungerten vor einem Bäckerladen, in dessen Schaufenster ein paar Stück Kuchen lagen.

Am 30. April 1942, sieben Monate nach dem Besuch von Heinrich Jöst im Getto, verbreitete das illegale »Informations-Bulletin« folgende Nachricht:

»Es gibt eine Reihe sogenannter ›spezieller‹ Häuser. Dort wohnen die Allerärmsten, und dort kehrt täglich der Tod ein. In dem gegenwärtig von 500 Personen bewohnten Haus Mila-Straße 46 starben bisher 233 Menschen. Im Haus Mila-Straße 51, das von 578 Personen bewohnt wird, starben 260. Im Haus Pawia-Straße, bewohnt von 430 Menschen, starben 330, davon 200 im Lauf der letzten drei Monate. Den Rekord hält das Haus Krochmalna-Straße 21, das von 400 Personen bewohnt war. Alle 400 sind gestorben. Häufig kommt es vor, daß ganze Familien sterben. Im Haus Zamenhofa-Straße 56 sind zehn Familien ausgestorben. In 17 ›speziellen‹ Häusern hatten von 780 Zimmern 710 im ganzen Winter kein Feuer im Ofen. Ganze Familien sind erfroren.«

»Wo dies war, weiß ich nicht. Auf der Straße wurde frisches Brot verkauft, und selten kaufte jemand etwas. Dabei verhungerten ein paar Schritte weiter Kinder auf dem Straßenpflaster.«

Die Razzien beginnen

Die erste deutsche Razzia auf Juden fand im September 1939 auf der Jerozolimskie-Allee statt

Unmittelbar nach der Eroberung Warschaus begannen die Razzien. Adam Czerniakow, der Vorsitzende der Jüdischen Kultusgemeinde, notierte in seinem Tagebuch:

5. Oktober 1939: Von morgens bis n. m. um 1 konnte man nicht über die Jerozolimskie-Allee hinübergelangen.

7. Oktober 1939: An der Ecke Poznanska- und Zulinski-Str. aufgehalten worden.

15. Oktober 1939: Belustigung vor der Gemeinde – Bärte. (Soldaten der Wehrmacht und des Sicherheitsdienstes schnitten Juden auf offener Straße die Bärte ab.)

21. X. 39: An der Ecke Jeroz(olimskie)-Allee von einer Patrouille angehalten. Mein Ausweis reicht nicht aus.

11. XI. 39: Auf der Brücke wurden Juden im Auto erschossen.

15. XI. 39: In der Annopol-Str. werden alle Juden aus den Baracken hinausgeworfen.

20. XI. 39: Zum »Getto« werden Wegweiser mit der Aufschrift »Achtung Seuchengefahr, Eintritt verboten« führen. An der Seite wird die Kommandantur Plakate anschlagen, daß Soldaten das Betreten verboten ist.

21. XI. 1939: Eine Abordnung der Bewohner der Nalewki-Str. 9 wegen der Verhaftung aller Männer dieses Hauses. Am Abend intervenierte ich bei der Gestapo. Nach Aussage des Kommissars muß bei der polnischen Polizei interveniert werden.

→

»Auf der Nowolipie-Straße fotografierte ich diese bettelnde Frau mit den starrenden Augen, an der die Passanten vorbeigingen. Über ihr ein kleines Plakat eines Übersetzungsbüros auf der Nowolipie 44 für Deutsch und Russisch.«

MINY
MINY
w sali

Ein Junge flüchtet nach Hause ins Getto

Als die Warschauer Juden ins Getto gesperrt wurden, war Maurice Markus 14 Jahre alt. 1963 wohnte er in Esslingen und gab dem Hamburger Staatsanwalt Dr. Klöckner zu Protokoll:

»Ich bin in Warschau geboren und aufgewachsen und habe mich dort bis zum Mai 1943 aufgehalten. In der Zeit von 1939 bis 1941 war ich im Arbeitslager Pruskow bei Warschau, wohin ich als 13jähriger Junge verbracht wurde. Meine Eltern wohnten seinerzeit in Warschau in der Ulica Panska 48, also in dem Teil Warschaus, den man später die sogenannte arische Seite nannte. Es handelte sich um ein vornehmes Stadtviertel von Warschau. Als das Getto errichtet wurde, mußten meine Eltern nach dort ziehen und nahmen Wohnung in der Ul. Prosta. Mein Vater war dann bei der Firma Többens tätig, die im sogenannten kleinen Getto einen Zweigbetrieb hatte. Ich selbst flüchtete im Mai oder Juni 1941 aus dem Lager Pruskow in das Getto zu meinen Eltern. Da ich jugendlich war, konnte ich aber in dem Zweigbetrieb in der Prosta nicht tätig werden, sondern mußte in das große Getto, wo ich in der Zamenhofstraße 19 Wohnung nahm. Gearbeitet habe ich bei der Ostbahn in Warschau auf dem Danziger Bahnhof, der neben dem Umschlagplatz gelegen war. Dort mußte ich Waggons be- und entladen [...]

In den ersten Tagen der sogenannten Umsiedlung im Juli 1942 wurden meine Großeltern, Onkel und Tanten aus Warschau abtransportiert. Diese wohnten damals in dem Haus Nowolipie 35 in der Nähe des Betriebes von Schultz. Ich war zugegen, als man meine Angehörigen fortbrachte. Es war der erste sehr große Abtransport aus dem Warschauer Getto. Die Menschen standen in langer und unabsehbarer Reihe auf der Leszno und wurden von dort zum Umschlagplatz gebracht. Ich habe gesehen, wie einige Menschen versuchten, aus der Reihe fortzulaufen.

Polizeiangehörige haben auf diese Menschen geschossen. Ich habe auch gesehen, wie die Leichen der Erschossenen von dem Leichentransportunternehmen weggeschafft worden sind. [...] Mir ist bekannt, daß ein Rottenführer, der zur Werterfassung in der Zamenhof 44 gehörte, jüdische Frauen getötet hat. Das Haus lag gegenüber der Zamenhof 19, wo wir untergebracht waren. Es war von ihm bekannt, daß er jüdische Frauen oder Mädchen mit sich nach oben nahm, dort vergewaltigte und nachts aus dem Fenster warf. Ich habe mehrfach frühmorgens unter dem Fenster dieses Rottenführers auf der Straße Leichen jüdischer Frauen und Mädchen liegen sehen.«*

* Zitiert nach Ermittlungsverfahren gegen Ludwig Hahn, 141 Js 192/60 Staatsanwaltschaft Hamburg, Blatt 9121/9140

→

»Ein Junge warf die Leichen in die Grube. Unten schichtete ein Mann sie nebeneinander.«

Der Töter

Weitere Aussage von Maurice Markus:

»In der Zeit vor der sogenannten Aussiedlungsaktion im Sommer 1942 habe ich selbst mit eigenen Augen gesehen, daß Juden im Getto auf der Straße erschossen wurden. Wenn ich morgens zur Arbeit ging und abends wieder zurückkehrte, mußte ich das Getto durch ein Tor am Umschlagplatz bei der Dzika verlassen. Dieses Gettotor war bewacht von jüdischer Polizei, polnischer Polizei und deutscher Gendarmerie.

Kinder, die Lebensmittel ins Getto schmuggeln wollten, wurden von der Polizei gefaßt. Sie wissen nicht, ob sie nun erschossen werden.

Im Sommer 1942, und zwar vor Beginn der sogenannten Umsiedlungsaktion, habe ich selbst gesehen, wie ein deutscher Gendarmerieoffizier einen Schulfreund von mir erschoß, weil bei ihm Bettwäsche gefunden wurde, die er außerhalb des Gettos verkaufen wollte. Der Schulfreund von mir war etwa 15 Jahre alt.

Diesen Gendarmerieoffizier würde ich heute wiedererkennen, wenn ich ihn sehen würde. Er hatte den Spitznamen ›Der Töter‹. Er war etwa 1,90 groß. Sein Dienstgrad war der eines Polizeioberleutnants. Mir sind die Dienstgrade einigermaßen bekannt, auch die Dienstgradabzeichen. Er war mit Sicherheit also ein Offizier der Gendarmerie. In der Zeit vor Beginn der Aussiedlung im Sommer 1942 habe ich selbst keine weiteren Tötungshandlungen mit eigenen Augen gesehen.

Ein anderes Mal habe ich gesehen, wie anläßlich einer Selektion auf der Niska Juden von Ukrainern und SS-Leuten erschossen wurden, die zu flüchten versuchten. Die Ukrainer und SS-Leute liefen hinter den Flüchtenden her und schossen auf sie. Ich habe mit eigenen Augen die Leichen der Erschossenen gesehen.«*

* Zitiert nach Ermittlungsverfahren gegen Ludwig Hahn, 141 Js 192/60 Staatsanwaltschaft Hamburg, Blatt 9121/9122

→

»Obwohl die meisten Menschen krank waren, sah ich keinen in die Apotheke an der Nowolipki-Straße hineingehen.«

„MANTON"

Der Kampf gegen die Bärte

Sie waren erst wenige Tage in Polen, da begannen die Deutschen mit der Säuberung. Zuerst schien sie harmlos: Sie schnitten den orthodoxen Juden auf den Straßen die Bärte ab. Kommandos des SD, des Sicherheitsdienstes, gingen mit langen Scheren auf die Juden los. Sie trugen lederne Handschuhe, damit sie sich nicht beschmutzten. Noch nahmen die Juden das mit einem ungläubigen Lächeln auf: Wie konnten sich kultivierte Menschen wie die Deutschen so unkultiviert benehmen? Von einer »Belustigung« sprach Adam Czerniakow. Selbst für manche Polen war es eine Belustigung und sogar für manche progressiven Juden, die in den Bärten der Orthodoxen einen mittelalterlichen Rückstand sahen. Aber in der polnischen Provinz gingen die Deutschen im Kampf gegen die Bärte gelegentlich auch schon mit Feuer vor: Sie zündeten eine Zeitung an und brannten den Bart des Juden damit ab. Es gibt Fotos davon, und sie zeigen lachende Soldaten. Später, bei der Vernichtung des Gettos, wurden die Männer mit Bärten als erste getötet. Der Junge Maurice Markus berichtet aus den Tagen der Zerstörung des Gettos im Mai 1943:

»Als letztes Haus im Getto wurde unser Haus Zamenhof 19 in Brand gesetzt. Als das Haus zu brennen begann, kamen wir alle heraus. Auf der Straße standen viele SS-Leute. Wir mußten dann auf der Straße antreten.

Oktober 1939: Auf einer Warschauer Straße schneidet ein SD-Mann einem Juden den Bart ab.

Insgesamt waren wir etwa 400 Menschen. Unter den SS-Angehörigen erkannte ich auch den Konrad von der Werterfassung sowie einen Offizier von den Panzergrenadieren, wo wir vorher gearbeitet hatten. Dieser Offizier tat jedoch so, als ob er mich nicht kennte. Nunmehr ging man an unseren Reihen entlang und holte diejenigen Männer heraus, die Bärte trugen. Diese führte man in die Ruine des Hauses Zamenhof 44 und erschoß sie dort. Das Haus Zamenhof 44 wurde in den letzten Tagen der Gettoliquidierung das größte Massengrab im Getto.«*

* Zitiert nach Ermittlungsverfahren gegen Ludwig Hahn, 141 Js 192/60 Staatsanwaltschaft Hamburg, Blatt 9126/9127

→

»Der alte Mann zog seine Mütze vor mir, als ich ihn fotografierte. Das passierte mir mehrmals. So war es den Juden befohlen worden.«

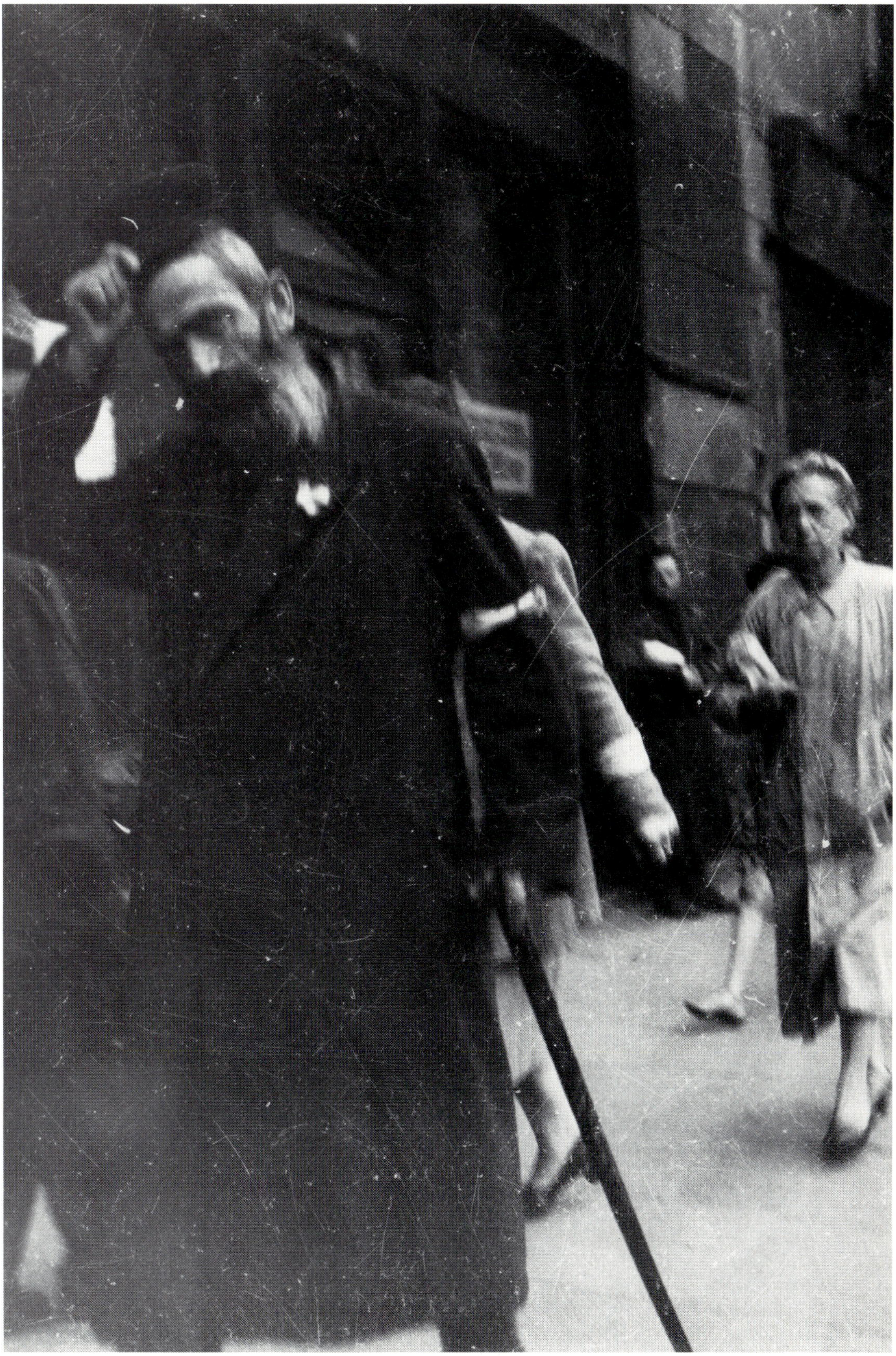

Treblinka

Der Musiker Kalman Jankowsky aus Danzig war damals 33 Jahre alt. Seine Aussage ist in den Worten des Hamburger Kriminalobermeisters Groschke* wiedergegeben:

»Bei Ausbruch des Aufstandes befand ich mich in der Milastraße 46. Als das Haus nach etwa acht Tagen brannte, kam ich mit mehreren anderen Juden heraus und wurde festgenommen. Man führte uns zu einem Sammelpunkt im Getto und von dort zum Umschlagplatz, wo sich Tausende von Juden befanden. Dann wurden wir in dort ankommende Waggons hineingetrieben. Der Transportzug bestand aus etwa zehn bis elf Waggons. In jedem Wagen waren etwa 200 Personen eingepfercht, hierunter befanden sich auch viele Frauen und Kinder. Der Zug fuhr am späten Nachmittag von Warschau ab und traf am nächsten Tage morgens in Treblinka ein. Unterwegs hielt der Zug mehrmals an. Es wurden dann die Türen der Waggons aufgerissen. Draußen standen die Wachmannschaften (Litauer, Ukrainer und Letten) und verlangten von uns Uhren und Schmuck. Dabei feuerten sie blindlings mit Karabinern in die Waggons hinein. Als der Zug dann in Treblinka ankam, waren etwa 40 Prozent meines Waggons tot. Zum Teil waren sie erschossen, zum Teil erstickt. Die Frauen und Kinder wurden sofort in das Lager gejagt. Es blieben dann noch etwa 500 Männer auf der Rampe übrig. Nunmehr wurde gefragt, wer Maurer, Musiker oder Philatelist sei. Es blieb dann noch ein Rest von etwa 40 Männern übrig. Wir wurden verschiedenen Arbeitskommandos zugeteilt. Ich kam zur Werterfassung.**

Wenn Transporte ankamen, so wurden etwa 95 Prozent davon sofort vergast. Vor der Vergasung mußten sie sich ausziehen. Sie liefen dann an unserer Baracke vorbei, bevor sie in den Gaskammern waren. Hierzu möchte ich bemerken, daß das gesamte Arbeitskommando des Lagers 1000 Mann stark war. Jeden Tag wurden aber mehrere erschossen, so daß das Arbeitskommando wieder durch die Neuankömmlinge aufgefüllt werden mußte.

In der ersten Zeit nach meinem Eintreffen in Treblinka sind etwa 14 Tage lang täglich vier bis sechs Transporte angekommen. Fast alle Transporte in diesem Zeitraum kamen direkt aus Warschau. Frauen wurden ganz selten ausgewählt, und zwar nur zum Auffüllen des Arbeitskommandos in der Wäscherei. Hier arbeiteten etwa 40 Frauen, und daher war dort nur ein geringer Abgang.«

* Zitiert nach Ermittlungsverfahren gegen Ludwig Hahn, 141 Js 192/60 Staatsanwaltschaft Hamburg, Blatt 9149/9154

** Werterfassung hieß das Arbeitskommando, in dem die hinterlassenen Wertgegenstände der vergasten Juden »erfaßt« wurden.

→

»Ich hab dieses Bild auf dem Jüdischen Friedhof gemacht. Ich verstehe heute nicht mehr, wie ich so etwas fotografieren konnte.«

Der Mörder vom Katasteramt

Generalmajor Stroop beim Einsatz in Warschau.

Josef Stroop wäre, wenn es keinen Faschismus in Deutschland gegeben hätte, als Oberinspektor beim Katasteramt Detmold in Pension gegangen. Aber es gab den Faschismus, und dadurch wurde er General und Henker des Warschauer Gettos. Hieß auch nicht mehr Josef, sondern »aufgrund weltanschaulicher Einstellung« Jürgen Stroop. Josef war ihm zu katholisch. Der Polizistensohn hatte am 9. Mai 1941 vom Oberbürgermeister der Stadt Gnesen die Genehmigung zur Namensänderung erhalten. Wie wird ein unscheinbarer Vermessungs-Obersekretär General? Weil er schon am 28. Juli 1932 Mitglied von Hitlers Partei wurde und zu seiner Schlägertruppe ging, der SS. Nach der »Machtübernahme« bekam er seine eigene Macht: Josef Stroop wurde Führer der »Hilfspolizei« im Lande Lippe und ließ Kommunisten und Sozialdemokraten verhaften und zusammenschlagen. Doch die Truppe wurde wieder aufgelöst. Josef Stroop mußte ins Katasteramt zurück. Dort hatte der Volksschüler kaum Berufschancen. Am 3. Februar bestand er seine Obersekretär-Prüfung mit »befriedigend«. Sein höchstes Monatsgehalt war 300 Mark. Aber Stroop bildete sich nebenberuflich weiter: 1938 besuchte er die »SS-Führerschule« in Dachau. Dort wurde er von »Papa Eicke«, dem Ausbilder der KZ-Mörder, geschult in Menschenbehandlung. Das reichte, um am 14. November 1938 hauptamtlicher SS-Standartenführer zu werden. Es zeigte sich, daß auch ein gescheiterter Katasterbeamter Fähigkeiten hat: Sie bestanden vor allem in der Vernichtung feindlicher Menschen. Stroop, jetzt Jürgen, wurde 1941 zum SS-Obersturmführer befördert und mit einer »Sonderaufgabe« im Osten betraut. Er schwamm auf einer Woge von Blut nach oben, wurde Oberst der Polizei und Generalmajor. Im April 1943 übertrug Himmler ihm die Aufgabe, das Warschauer Getto zu vernichten. Am 16. Mai 1943 ließ Stroop die Synagoge sprengen und berichtete nach Berlin: »Der ehemalige jüdische Wohnbezirk Warschau besteht nicht mehr.« Dafür erhielt er das Eiserne Kreuz erster Klasse. 1947 verurteilte ihn ein amerikanisches Kriegsgericht wegen der Erschießung gefangener Piloten zum Tode. Er wurde nach Polen ausgeliefert, dort ebenfalls wegen Verbrechens gegen die Menschlichkeit zum Tode verurteilt. Am 6. März 1952 wurde Jürgen Stroop in Warschau gehenkt.

»Auf dem Fußweg einer Nebenstraße sah ich dieses kleine Kind, das sich nicht mehr aufrichten konnte. Die Passanten gingen vorbei. Es gab zu viele solcher Kinder.«

Von der SS zur CDU

Nichts gesehen hat auch der SS-Oberscharführer Karl Sauer aus Berlin. Dabei war er in Warschau der Fahrer des »Höheren SS- und Polizeiführers« Friedrich Krüger. Der war als »Staatssekretär für das Sicherheitswesen im Generalgouvernement« zuständig für die Judenvernichtung. Karl Sauer war »Referent für das Kraftfahrwesen« und teilte Fahrer und Fahrzeuge für alle hohen Offiziere ein. Er fuhr selbst immer wieder mit Krüger ins Getto. Aber er erinnert sich an nichts:

»Eines Tages im Mai 1943 – den genauen Zeitpunkt kann ich nicht angeben – hieß es, es wäre im Getto ein Aufstand ausgebrochen. Ich selbst habe davon nichts gesehen. Ich will damit sagen, daß ich es nicht aus unmittelbarer Nähe beobachtet habe. Das Brennen der Häuser konnte ich von weitem sehen. Was im Getto eigentlich los war, erfuhr ich aus den Gesprächen der Kraftfahrer. Danach sollten Kämpfe im Getto stattfinden, bei denen auch Wehrmacht, SS und Polizei eingesetzt worden sei.«

Ob er, Sauer, sagen könne, wer von den höheren Führern mit Autos ins Getto gefahren sei?

»Ich kann keine Personen angeben. Ich weiß noch nicht mal, ob Stroop dort gewesen ist.«

Das ist so unglaublich, daß Sauer sich besinnt und hinzufügt: »Ich nehme es aber an, da er die Aktion leitete.«

Er habe doch diese Fahrzeuge und die Fahrer selbst eingeteilt. Er müsse doch wissen, wer ins Getto gefahren sei.

»Ich kann heute beim besten Willen nicht mehr sagen, wer sich ins Getto hat fahren lassen. Daß Fahrten seinerzeit ins Getto gemacht worden sind, steht ohne Zweifel fest. Ob Jesuiter* im Getto während der Aktion gewesen ist, vermag ich ebenfalls nicht zu sagen. Ich nehme aber stark an, daß er auch zeitweilig dort war, um sich ein Bild von der Aktion zu machen.«

Er weiß nicht, ob Besprechungen stattgefunden haben. Er kann keine Namen nennen (»Ich kannte niemanden davon«). Er hört den Namen des Warschauer Gestapo-Chefs Ludwig Hahn »heute zum ersten Mal«, und das war am 25. April 1963.

»Von Judenerschießungen und Aussiedlungen habe ich gehört. Ich selbst bin jedoch nie Augenzeuge gewesen und kann auch keine Namen angeben. Ich weiß dieses nur vom Hörensagen.«

Er weiß nur von seiner eigenen beruflichen Laufbahn: »Ich führte nunmehr die Dienstbezeichnung SS-Scharführer, später Oberscharführer… Ich bin jetzt beim CDU-Landesverband Berlin als Angestellter tätig.«**

* Max Jesuiter war SS-Sturmbannführer und Stabschef des SS- und Polizeiführers im Distrikt Warschau.

** Zitiert nach Ermittlungsverfahren gegen Ludwig Hahn, 141 Js 192/60 Staatsanwaltschaft Hamburg, Blatt 9142/9146

→

»Das waren wohl Schwestern. Ob die jüngere schon tot war, kann ich nicht sagen. Sie bewegte sich nicht.«

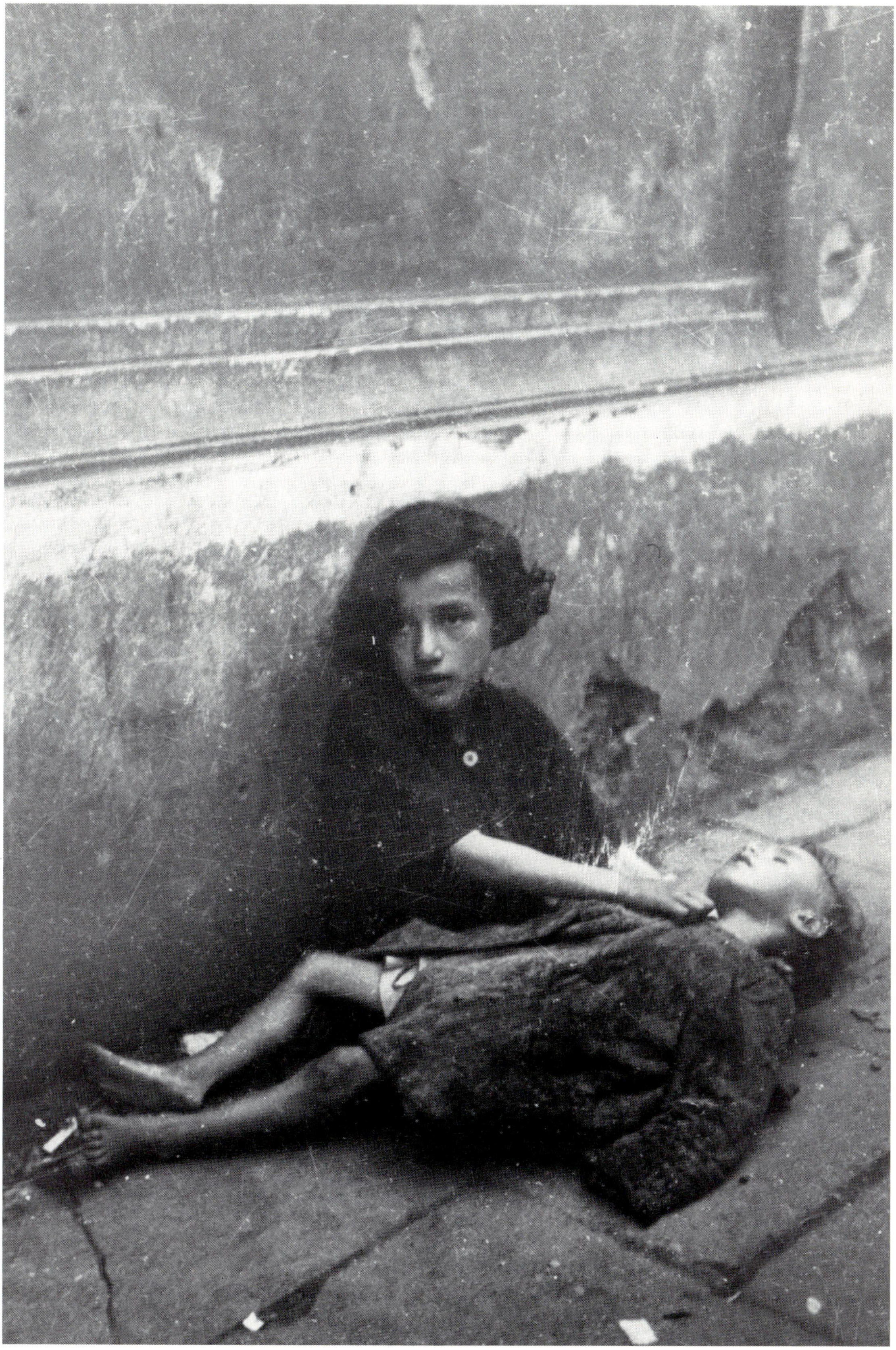

Sie haben alle weitergemacht

Nach dem Kriege wurden nur wenige Naziverbrecher, die für die Morde im Warschauer Getto verantwortlich waren, gefaßt und bestraft. Die meisten machten einfach weiter. Selbst wenn sie gefragt wurden, konnten sie sich an nichts erinnern.

Dr. Franz Grassler war ein leitender Beamter in der »Zivilverwaltung« des Warschauer Gettos. Nach dem Kriege wurde er Staatsanwalt beim Bayerischen Verwaltungsgericht in München.

Vernehmung am 20. März 1963 in München durch den Hamburger Staatsanwalt Dr. Klöckner: Wer hat an der Konferenz in Warschau im Frühsommer 1942 teilgenommen, auf der die Einzelheiten der großen Aussiedlungsaktion besprochen wurden?

»Mir ist von einer Besprechung entweder bei dem SS- und Polizeiführer Warschau oder bei dem Kommandeur der ›Aussiedlungsaktion‹ im Sommer 1942 nichts bekannt.«

Trug er damals nicht eine schwarze SS-Uniform?

»Ich selbst trug eine Uniform im gleichen Schnitt wie die üblichen blauen Beamtenuniformen. Da das blaue Uniformtuch jedoch nicht mehr vorrätig war, hatte man mir eine Uniform aus schwarzem Stoff geschneidert, mit der ich einmal Ärger hatte, weil man sie mit einer SS-Uniform verwechselt hatte... Es war nicht Ausdruck einer hoheitlichen Funktion, wenn man eine blaue Uniform trug. Die Beamten und Angestellten der Zivilverwaltung trugen schlechthin blaue Uniformen, soweit sie im höheren Dienst standen.«

Kamen die Juden nicht mit ihren Klagen und Beschwerden über Erschießungen zu ihm und zum Getto-Kommissar Auerswald?

»Im einzelnen kann ich mich heute an derartige Vorstellungen und Klagen nicht erinnern. Richtig ist, daß der Vorsitzende des Judenrates, Czerniakow, fast alle zwei Tage im Palais Brühl bei Auerswald erschien und in diesem Zusammenhang auch oft zu mir mit irgendwelchen Anliegen oder Klagen kam. Es gab sehr häufig etwas zu klagen, so daß ich im einzelnen nicht mehr weiß, welche Anliegen bei uns vorgebracht wurden... Insbesondere sind mir konkrete Klagen über Gewalttaten und Tötungen seitens der SS nicht mehr in Erinnerung.«*

* Zitiert nach Ermittlungsverfahren gegen Ludwig Hahn, 141 Js 192/60 Staatsanwaltschaft Hamburg, Blatt 9101/9103

→

»Mit seinen merkwürdigen Handschuhen legte der Leichenträger die Toten sehr ordentlich nebeneinander und aufeinander wie in eine Schachtel. Dann bestreute er jede einzelne Schicht mit Chlorkalk.«

»Er macht keinen gepflegten Eindruck«

13 Jahre alt war Motek Krasucki, als die Aussiedlungsaktionen begannen. Er schilderte das zwanzig Jahre später in einer Vernehmung:

»Mein Vater hat bei der Firma Schultz gearbeitet. Von den Ereignissen, die sich bis April 1943 im Warschauer Getto abspielten, weiß ich daher nicht viel. Als die endgültige Räumung des Gettos im April 1943 durchgeführt wurde, versteckten meine Eltern sich mit meiner Schwester und mir in einem Bunker im Getto Schultz.* Schließlich lockte man uns mit Versprechungen aus dem Bunker heraus, man werde uns nichts tun, sondern uns in ein anderes Lager zum Arbeitseinsatz verbringen. Als wir aus dem Bunker herauskamen, wurden wir zum Umschlagplatz geführt. Beim Hereintreiben in die Räume dieses Hauses wurden viele Juden von den SS-Leuten und Ukrainern mißhandelt. Nach vier Tagen wurden wir in Waggons getrieben. Unsere ganze Familie blieb bis Lublin zusammen. In Lublin kam der Oberscharführer Feix aus dem Lager Budzyn und suchte sich 840 Juden aus, die er mit sich in das Lager Budzyn nahm. In drei Waggons wurden diese 840 Juden nach Budzyn transportiert, darunter auch mein Vater und ich. Meine Mutter und meine Schwester wurden in Lublin von uns getrennt und in das Lager Majdanek verbracht, wo sie wahrscheinlich umgebracht wurden. Ich war jedenfalls im Jahre 1949 noch einmal in Lublin und habe meine Mutter und meine Schwester dort vergeblich gesucht. Feix war ein übler Mörder. Einmal war ich Zeuge, wie er sechs Juden nackt an den Füßen aufhängen ließ. Sodann schlug er mit Stacheldraht auf ihre Geschlechtsteile, daß sie fürchterlich schrieen. Schließlich ließ er sie hängen, bis sie tot waren. Sodann nahm er ein Feuerzeug und brannte die Nasen an, um zu prüfen, ob sie wirklich tot waren. Es waren völlig nichtige Gründe, aus denen er die Juden tötete. Bei einem hatte er Läuse gefunden, bei einem anderen war ein Knopf abgerissen, ein dritter war nicht rasiert und ein vierter hatte zu lange Haare.«

Vermerk des Staatsanwalts Dr. Klöckner nach Abschluß der Vernehmung von Motek Krasucki: »Der Zeuge macht einen äußerlich nicht sonderlich gepflegten Eindruck.«** Über seinen Kollegen Dr. Grassler von der Getto-Verwaltung sagt der Staatsanwalt Klöckner nicht, ob er gepflegt oder ungepflegt aussah.

* Die Firma Schultz bildete ein eigenes kleines Getto innerhalb des großen. Die Fabrik lag im Geviert der Straßen Nowolipie, Karmelicka, Nowolipki und Smocza.

** Zitiert nach Ermittlungsverfahren gegen Ludwig Hahn, 141 Js 192/60 Staatsanwaltschaft Hamburg, Blatt 9104/9109

»Dieser Junge hatte eine Jacke, die wohl aus einem Schaffell zusammengenäht und an vielen Stellen wieder aufgeplatzt war. Er hatte es gut, verglichen mit den vielen Kindern in dünnen Jacken, die noch nicht einmal Schuhe trugen.«

Der Schmuggel mit den Leichenwagen

Der Leichenträger Benjamin Gruszka (Bolek) berichtet:

»Über die Mauer des jüdischen Friedhofs haben wir Lebensmittel und Waffen in das Getto gebracht. Es gab Verbindungsleute, von denen man nur eine Adresse bekam, wo man etwas abliefern sollte. Die Leichenwagen hatten doppelte Wände. Sie waren so konstruiert, daß man das nicht entdekken konnte.

Man hatte natürlich Angst voreinander, weil man nicht wußte, wer Verräter war. Deshalb wurde damals kaum gesprochen. So ging es jeden Tag. Ich lebte Zamenhofa 38, gegenüber der letzten jüdischen Gemeinde von Warschau. Auch die jüdische Polizei hatte ihr Büro genau gegenüber. Wie ich sah, es geht zu Ende, mußten wir abhauen. Das war nach dem Getto-Aufstand. Wir sind mit den Leichen rausgefahren zum jüdischen Friedhof. Da haben wir die Pferde ausgespannt und laufen lassen. Dann sind wir über den Zaun. Dort hat ein gewisser Zadzek auf uns gewartet mit einem Lastwagen. Da waren schon mehrere Leute unter der Plane, auch Mädchen. Die anderen hatten schon Waffen. Von da aus fuhren wir nach Wyszków in die Wälder. Zum erstenmal in meinem Leben sah ich einen Wald.

Da wurden wir den Partisanen zugeordnet. Wir haben Eisenbahnlinien gesprengt. Schießen hatte ich schon im Getto gelernt. Ich war dabei, als ein Verräter von der jüdischen Polizei exekutiert wurde. Lejkin hieß er. Er wohnte Ecke Gesia und Zamenhofa. Bei Lublin wurden wir von sowjetischen Truppen befreit. Ich bin dann zurückgegangen nach Warschau. Aber von uns hat keiner mehr gelebt. Ich bin schließlich nach Deutschland gegangen und habe von Lübeck und von Bergen-Belsen aus die illegale Auswanderung der Juden nach Palästina mitorganisiert.«

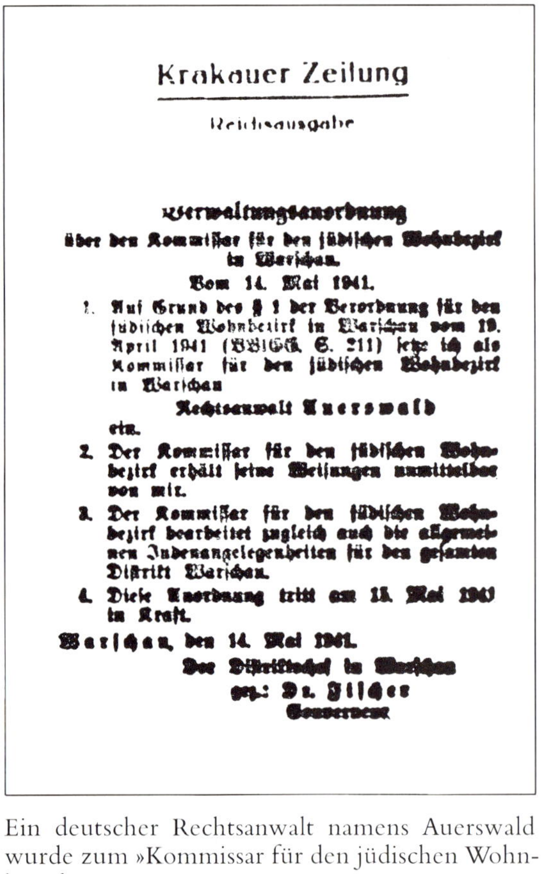

Krakauer Zeitung

Reichsausgabe

Verwaltungsanordnung
über den Kommissar für den jüdischen Wohnbezirk in Warschau.
Vom 14. Mai 1941.

1. Auf Grund des § 1 der Verordnung für den jüdischen Wohnbezirk in Warschau vom 19. April 1941 (VBlGG. S. 211) setze ich als Kommissar für den jüdischen Wohnbezirk in Warschau

Rechtsanwalt Auerswald

ein.

2. Der Kommissar für den jüdischen Wohnbezirk erhält seine Weisungen unmittelbar von mir.

3. Der Kommissar für den jüdischen Wohnbezirk bearbeitet zugleich auch die allgemeinen Judenangelegenheiten für den gesamten Distrikt Warschau.

4. Diese Anordnung tritt am 15. Mai 1941 in Kraft.

Warschau, den 14. Mai 1941.

Der Distriktchef in Warschau
gez.: Dr. Fischer
Gouverneur

Ein deutscher Rechtsanwalt namens Auerswald wurde zum »Kommissar für den jüdischen Wohnbezirk« ernannt.

→

»Die Leichenwagen hielten am Ausgang des Gettos. Dort war Kontrolle. Rechts im Hintergrund war der Eingang zum Friedhof.«

Übergriffe gab es überhaupt nicht

Am 21. Mai 1963 wurde in Bielefeld der Kraftfahrer Heinrich Klaustermeyer vernommen. Er war von vielen Überlebenden des Gettos beschuldigt worden, vom Fahrrad aus fast täglich Juden erschossen zu haben.

»Es ist richtig, daß ich bei der Gestapo-Dienststelle in Warschau Angehöriger des Juden-Referats war. Im Rahmen dieses Einsatzes mußte ich täglich durch das Getto zu den Firmen Többens und Schultz, um dort zu kontrollieren. Ich mußte dabei feststellen, ob die Betriebe ordnungsgemäß liefen. So wie ich als auch meine Kollegen gingen recht gern zu diesen Kontrollen, weil wir bei den Betrieben meist Frühstück erhielten. Das gefiel uns natürlich. Ich war immer froh, wenn ich wieder das Getto verlassen konnte. Das kam schon daher, daß bei der engen geschlossenen Ansiedlung von Tausenden von Menschen allein schon der Gestank einem den Aufenthalt im Getto verleidete.

Mir ist die Aussage des Zeugen Benjamin Goldmann vorgehalten worden. Der Zeuge irrt sich. Ich habe nie von meiner Rikscha aus in den Straßen des Gettos auf Juden geschossen. Ich möchte hier auch schon sagen, daß ich nie eine Erschießung solcher Art, begangen von einem anderen, nie gesehen habe. Ich habe auch zu meiner Zeit nie davon gehört, daß sich solch ein Fall zugetragen habe.

Was die Zeugin Irena Rojek ausgesagt hat, kann ich nur als absolute Unwahrheit bezeichnen. Ich habe weder eine Frau erschossen, nachdem ich vorher ihr Kind getötet hatte, noch habe ich in einer Art standrechtlicher Erschießung mehrere Frauen an eine Mauer gestellt und jede zweite erschossen. Bis zur sogenannten Umsiedlung, wo schon manches passierte, gab es solche Übergriffe, wie sie die Zeugin angeblich beobachtet haben will, überhaupt nicht. Sie wären auch von unserer Dienststelle auch gar nicht geduldet worden.

Ebenso treffen die mich belastenden Aussagen des Zeugen Julian Daszewski nicht zu. Ich habe keinen Straßenpassanten erschossen, erst recht nicht einen Rikscha-Fahrer, der mich zur Firma Schultz gefahren hätte. Ich habe stets den gleichen Rikscha-Fahrer gehabt, nie auch nur einen Tag einen anderen. Mein Fahrer hieß mit Vornamen ›Marion‹, den Nachnamen weiß ich nicht. Ich war stets gut zu diesem Fahrer, habe ihn sogar mit aus dem Getto heraus in das arische Viertel genommen, wo er seine Bekannten besuchte; er war auch in meiner Wohnung. Ich habe ihm mehrere Male Gelegenheit gegeben, zu fliehen und ihn direkt dazu aufgefordert. Er tat es aber nicht.«*

* Zitiert nach Ermittlungsverfahren gegen Ludwig Hahn, 141 Js 192/60 Staatsanwaltschaft Hamburg, Blatt 9220/24

→

»Der Mann vom Beerdigungsinstitut machte den Deckel der Kiste auf und zeigte mir die tote Frau wie eine Ware.«

Ein deutscher Richter

Viele Juden des Warschauer Gettos, die Treblinka überlebten, sind dann in das Lager Budzyn gekommen. Dort tat auch ein deutscher Richter namens Tausche als SS-Offizier Dienst. Aussage von David Deitelbaum, Elektriker aus Warschau:

»Tausche. Er gab die Befehle zu Erschießungen an die sogenannten ›Schwarzen‹, das heißt die Ukrainer. Ich besinne mich besonders an einen Fall, wo von sechs Brüdern zwei aus dem Lager entkommen waren. Daraufhin hat Tausche die Erschießung der übrigen vier Brüder angeordnet.«*

Aussage von Samuel Silberstein, Fabrikbesitzer aus Warschau:

»Tausche, der im Zivilleben Richter gewesen sein soll, war Sturmbannführer oder Obersturmbannführer. Ich habe einige Erschießungen durch ihn gesehen. Einmal hatte ein Häftling Kartoffeln bei sich versteckt. Tausche hat daraufhin vor unseren Augen ein sogenanntes ›Gericht‹ über ihn gehalten und ihn dann selbst erschossen. An die anderen Opfer kann ich mich nicht mehr erinnern. Er stand in dem Ruf, viele Juden erschossen zu haben, aber nicht so viele wie Feix**.«***

Aussage von Abraham Ziemba, Rabbiner aus Warschau:

»Es gab noch einen Sturmbannführer namens Tausche. Dieser hat einen jüdischen Jungen, der sich eine Kartoffel irgendwoher geholt hatte, erschossen. Dieses habe ich im Lager selbst gesehen. Ich besinne mich auch noch daran, daß er uns einmal beim Appell sagte, daß wir uns, wenn wir in der folgenden Nacht Schüsse hörten, nicht ängstigen sollten. Es handele sich um Partisanen. Wir wußten aber, daß in Wirklichkeit Erschießungskommandos bestellt waren und das Getto barackenweisen liquidiert werden sollte.«****

* Zitiert nach Ermittlungsverfahren gegen Ludwig Hahn, 141 Js 192/60 Staatsanwaltschaft Hamburg, Blatt 9175

** Feix war Kommandant des Lagers Budzyn.

*** Blatt 9171

**** Blatt 9180

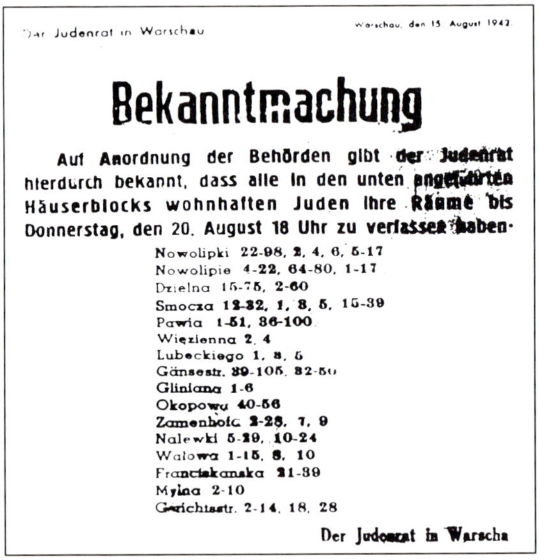

Der Judenrat in Warschau

Warschau, den 15. August 1942.

Bekanntmachung

Auf Anordnung der Behörden gibt der Judenrat hierdurch bekannt, dass alle in den unten angeführten Häuserblocks wohnhaften Juden ihre Räume bis Donnerstag, den 20. August 18 Uhr zu verlassen haben.

Nowolipki 22-98, 2, 4, 6, 5-17
Nowolipie 4-22, 64-80, 1-17
Dzielna 15-75, 2-60
Smocza 12-32, 1, 3, 5, 15-39
Pawia 1-51, 36-100
Więzienna 2, 4
Lubeckiego 1, 3, 5
Gänsestr. 39-105, 32-50
Gliniana 1-6
Okopowa 40-56
Zamenhofa 2-28, 7, 9
Nalewki 5-29, 10-24
Walowa 1-15, 8, 10
Franciszkanska 21-39
Mylna 2-10
Gerichtsstr. 2-14, 18, 28

Der Judenrat in Warschau

Fast täglich erschienen 1942 neue Bekanntmachungen über Häuser, die zu räumen waren. Räumen hieß: Meldung auf dem Umschlagplatz zum Transport nach Treblinka.

→

»Diese Frau starb vor meinen Augen. Die Menschen standen herum. Keiner half ihr, weil wohl keiner helfen konnte.«

Der Traum meines Lebens

Mordechai Anielewicz war Führer der zionistischen Jugendorganisation »Haschomer Hatzair« und Gründer der »Jüdischen Kampforganisation«. Er hatte ein Radio und schrieb für das illegale »Bulletin« die Tagesberichte.

In der »Jüdischen Kampforganisation« hatten sich 22 einzelne Kampfgruppen zusammengeschlossen. Vier von ihnen waren sozialdemokratisch und standen dem »Bund« nahe, 14 waren zionistische Organisationen, eine bestand aus Mitgliedern der wieder gegründeten Polnischen Arbeiterpartei (Kommunisten). Die »Jüdische Kampforganisation« wurde von einem Stab von sieben Männern geleitet.

Stellvertreter von Mordechai Anielewicz war Itzhak Cukierman. Er organisierte im arischen Teil von Warschau den Kauf von Waffen und den Schmuggel über die Gettomauer. Eine Pistole kostete damals 10 000 Zloty oder mehr. Die »Jüdische Kampforganisation« hatte ein Steuersystem: Wohlhabende Juden wurden gezwungen, das Geld für eine Pistole zu bezahlen.

Am 23. April 1943 schrieb Anielewicz eine Nachricht an Cukierman: »Was wir erlebt haben, läßt sich mit Worten nicht beschreiben. Wir hätten es in unseren kühnsten Träumen nicht zu hoffen gewagt. Zweimal zwangen wir die Deutschen, das Getto fluchtartig zu verlassen. Eine unserer Gruppen hielt die Stellung 40 Minuten, eine andere sogar sechs Stunden. Eine unserer Minen vor den Bürstenmacherwerkstätten explodierte. Verschiedene Gruppen griffen die Deutschen an und schlugen sie auch in die Flucht. Schon unsere geringen Verluste sind ein Sieg. Am Maschinengewehr starb J. den Heldentod. Ich finde, wir leisten Großes. Es ist von Bedeutung.

Von heute ab gehen wir zur Partisanentaktik über. Noch in dieser Nacht gehen drei Spähtrupps hinaus, um Waffen zu erobern. Weil wir sie nur selten benutzen können, sind Revolver für uns zwecklos. Wir brauchen vielmehr Gewehre, Maschinengewehre, Handgranaten und Sprengstoff.

Die Lebensbedingungen im Getto zu schildern, ist unmöglich. Nur wenige werden das ertragen; alle übrigen kommen früher oder später um. Ihr Schicksal ist schon besiegelt. In fast allen Bunkern sind Tausende von Juden versteckt, und man kann keine Kerze entzünden, weil die Luft fehlt. Sei mir gesund, mein Teurer! Vielleicht sehen wir uns ja noch wieder. Der Traum meines Lebens ist jedenfalls schon in Erfüllung gegangen, denn das Getto verteidigt sich. Wir Juden leisten mit der Waffe in der Hand Widerstand. Das ist Tatsache geworden, und ich kann bezeugen, wie heldenhaft Juden kämpfen.«*

Er ist gefallen am 8. Mai 1943.

* Zitiert nach Joseph Wulf, Das dritte Reich und seine Vollstrecker, Berlin o.J., S. 116.

»Wie Hausabfälle in eine Grube geworfen werden, so wurden hier vor meinen Augen Körper in die Grube gekippt, die noch vor kurzer Zeit lebendige Menschen gewesen waren.«

Das letzte Gebet am Sabbat

Aussage von Menasze Tencer im Generalkonsulat der Bundesrepublik Deutschland in São Paulo, Brasilien, am 22. April 1963:

»Ich war von der Errichtung des Warschauer Gettos bis zum 9. Mai 1943 dort. Während meines Aufenthaltes im Getto fanden verschiedene sogenannte ›Aktionen‹ statt, besonders an jüdischen Feiertagen. Wir organisierten mit unseren beschränkten Mitteln eine Kampfgruppe. An dem Gettoaufstand vom 19. April 1943 nahm ich bis zu meiner Verhaftung am 9. Mai 1943 teil.

Verschiedene kleinere Aktionen, die zwischen den oben geschilderten stattfanden, habe ich miterlebt. Auch Einzelerschießungen fanden regelmäßig statt. Meine Schwester Mala Tencer, damals zwölf Jahre alt, die innerhalb des Gettos am Eingangstor stand und Süßigkeiten verkaufte, wurde ohne Grund erschossen.

Ich wohnte Anfang 1943 in der Gesia-Straße 7a, wo meine Familie ein Stoffgeschäft gehabt hat. Im gleichen Hause wohnte eine Frau Bresser, deren Kinder ein Schirmgeschäft hatten. Ich war anwesend, als die jüdische Polizei, die täglich die Opfer aussuchen mußte, kam, um die über 80jährige Frau abzuholen. Sie bat, man möge sie doch verschonen. Einer der Polizisten erklärte ihr, er müsse eine bestimmte Zahl Opfer stellen. Wenn sie nicht gehe, müsse er seine Frau oder sein Kind ausliefern. Daraufhin fand sich Frau Bresser bereit, das Opfer zu bringen, und bat nur noch ein letztes Mal am Vorabend des Sabbat (es geschah an einem Freitagabend) in ihrem Haus vor dem Leuchter beten zu dürfen, was ihr auch gestattet wurde. Dann wurde sie weggeführt zum Umschlagplatz, von wo aus die Opfer mit Eisenbahnwaggons in die Vernichtungslager transportiert wurden.

Ich bin zusammen mit meiner ganzen Familie zum Umschlagplatz getrieben worden. Wir mußten uns unter freiem Himmel die Nacht über unter strenger Bewachung auf den Boden setzen. Am nächsten Morgen wurden wir in die Waggons getrieben. Meine ganze Familie, Vater, Brüder und Schwestern, hielt sich an mir fest, weil wir zusammenbleiben wollten. Die Wachmannschaften schlugen aber so auf die Menge ein, daß ein heftiges Gedränge entstand und wir einander verloren. Meinen Vater habe ich nie mehr wiedergesehen. Kameraden erzählten mir später, er sei im Gedränge erdrückt worden. Von meiner ganzen Familie hat außer mir nur ein Bruder überlebt.«*

* Zitiert nach Ermittlungsverfahren gegen Ludwig Hahn, 141 Js 192/60 Staatsanwaltschaft Hamburg, Blatt 9184/9188

→

»Durch dieses Tor bin ich ins Getto gegangen, was Soldaten ohne Erlaubnis verboten war. Schilder warnten vor Typhus. Gleich hinter den Toren standen Händler, sogar Kinder, und versuchten Kleinigkeiten zu verkaufen.«

2
SEUCHENSPERRGEBIET
NUR DURCHFAHRT GESTATTET
OBSZAR ZAGROŻONY TYFUSEM
DOZWOLONY TYLKO PRZEJAZD

Erst ein Mord, dann das Frühstück

Auszug aus dem Antrag der Staatsanwaltschaft Bielefeld vom 22. Mai 1963 auf Eröffnung der gerichtlichen Voruntersuchung gegen Heinrich Klaustermeyer:

»Wie Zeugen bekunden, wurde von dem Angeschuldigten berichtet, er könne erst dann in Ruhe frühstücken, wenn er einen Juden getötet habe.«

Zeuge Benjamin Goldmann, jetzt in Frankfurt am Main: Klaustermeyer fuhr, in einer Art Rikscha sitzend, durch die Zamenhofstraße und schoß nach rechts und links mit der Pistole auf flüchtende Menschen. Ein älterer Mann wurde durch einen Rückenschuß schwer verletzt.

Zeuge Abram Sandomir, jetzt Düsseldorf: Klaustermeyer und Blösche* erschossen einen Juden auf der Straße, der einem Sterbenden Hilfe leisten wollte.

Zeugin Irena Rojek, jetzt in Holon (Israel): Klaustermeyer entriß einer Frau auf der Elektoralna-Straße ihr kleines Kind, warf es aufs Straßenpflaster und erschoß es. Dann erschoß er auch die Mutter. Vor dem Haus Kupiecka-Straße 18 stellte er einige Tage später sechs oder acht Frauen mit dem Gesicht zur Hausmauer auf, trat vier bis sechs Meter zurück und schoß mit seiner Pistole auf jede zweite Frau.

Zeuge Henry Hoffenberg, jetzt in Saint-Mur (Frankreich): Klaustermeyer erschien am 18. Januar 1943 bei der Firma Többens und kontrollierte die Ausweise der Arbeiter. Auf dem Hof schoß er auf eine ältere Frau und tötete sie durch einen Schuß in den Hinterkopf.

Zeuge Benjamin Gruszka, jetzt in Lübeck: Klaustermeyer schoß auf der Gesia-Straße auf einige Leute, die durch den Gettozaun klettern wollten. Von den Menschen, die dort liegen blieben, waren mindestens zwei oder drei tot.

Zeuge Mordka Josef Salve, jetzt in Paris: Klaustermeyer erschoß im August 1942 vor dem Gefängnis in der Gesia-Straße drei Passanten. Einer war vorher niedergekniet, um Klaustermeyer um Gnade zu bitten, wurde aber auch erschossen.

Zeuge Julian Daszewski, jetzt in Tel Aviv: Klaustermeyer erschoß im Sommer 1942 vor der Konditorei »Studnia« in der Leszno-Straße einen 30jährigen Mann.

* Blösche wurde in einem Strafverfahren in der DDR wegen dieser Verbrechen zum Tode verurteilt und hingerichtet.

→

»Selbst auf dem Friedhof, wo die Leichen in die riesige Grube geworfen wurden, sah ich im Hintergrund Männer vom SD, also vom Sicherheitsdienst.«

Ein Mörder macht Urlaub

Am 26. Mai 1963 bat der ehemalige Gestapo-Chef von Warschau, Dr. Ludwig Hahn, bei der Hamburger Staatsanwaltschaft um die Befreiung von der wöchentlichen Meldepflicht. Er wollte für einen Monat ins Burghotel Lauenstein auf Urlaub fahren. Das wurde ihm selbstverständlich vom Staatsanwalt Dr. Klöckner bewilligt. Was hätte der Staatsanwalt auch dagegen einwenden sollen, da er doch wußte, welche Wertschätzung Dr. Hahn bei der Hamburger Justiz genoß? Ein Richter übernahm sogar, als sich für den Gestapo-Mann dann doch die Untersuchungshaft nicht vermeiden ließ, vertretungsweise Hahns Arbeit als Hamburger Vertreter der Schwindelfirma Investors Overseas Services, IOS genannt.

Das alles, während gegen Hahn seit Jahren ein Ermittlungsverfahren wegen unzähliger Morde im Warschauer Getto lief. Ein zweiter Richter ließ in seinem Dienstzimmer ein Täßchen Kaffee servieren, als der Untersuchungshäftling von seinem Schwager besucht wurde, dem Wehrmachtsoffizier und späterem Inspekteur der Bundesluftwaffe Johannes Steinhoff.

Als die Hamburger Staatsanwaltschaft in neue Räume zog, wurden die Hahn-Akten monatelang gar nicht erst wieder ausgepackt. Daß es dann doch noch zu einem Strafverfahren kam, ist der Zähigkeit des Hamburger Oberstaatsanwalts Kurt Tegge zu verdanken, der dann jedoch aus dem NS-Dezernat abgelöst wurde und nur noch Verkehrssachen machen durfte.

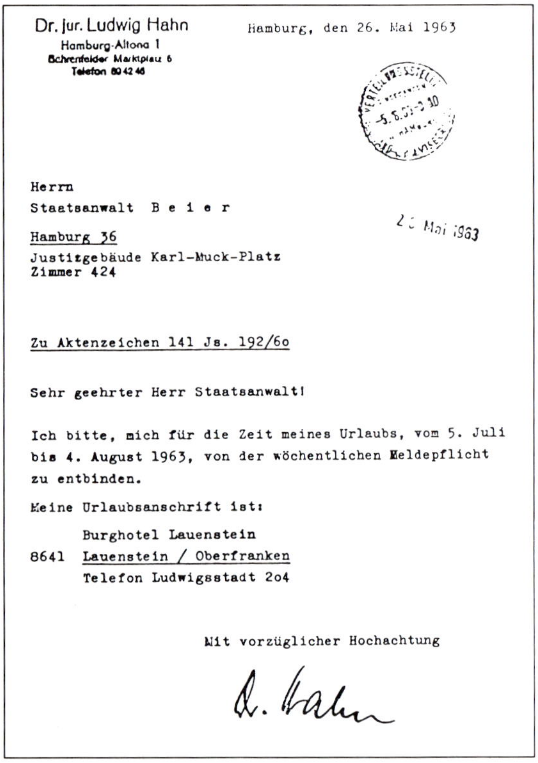

Dr. jur. Ludwig Hahn
Hamburg-Altona 1
Schenefelder Marktplatz 6
Telefon 80 42 46

Hamburg, den 26. Mai 1963

Herrn
Staatsanwalt B e i e r
Hamburg 36
Justizgebäude Karl-Muck-Platz
Zimmer 424

Zu Aktenzeichen 141 Js. 192/60

Sehr geehrter Herr Staatsanwalt!

Ich bitte, mich für die Zeit meines Urlaubs, vom 5. Juli bis 4. August 1963, von der wöchentlichen Meldepflicht zu entbinden.

Meine Urlaubsanschrift ist:

Burghotel Lauenstein
8641 Lauenstein / Oberfranken
Telefon Ludwigsstadt 204

Mit vorzüglicher Hochachtung

Urlaubsgesuch des ehemaligen Warschauer Gestapo-Chefs Dr. Ludwig Hahn.

»Manche Leichen wurden in geschlossenen Wagen zum Friedhof transportiert. Andere sah ich, übereinandergestapelt, in offenen Karren dort ankommen.«

OSTATNIA POSŁUGA

Keiner hat daran geglaubt

Benjamin Gruszka, genannt Bolek, erinnert sich:

»Die Deutschen sind gekommen. Die jüdischen Organisationen haben angefangen, illegal zu arbeiten. Von rechts nach links, orthodox bis liberal. Einige haben versucht, die Auswanderung nach Palästina zu organisieren, über Rumänien. Keiner hat daran geglaubt, daß diese Katastrophe kommen wird. Man hat geglaubt, man kommt nur in ein Arbeitslager, wird umgesiedelt und wird wieder eingeordnet woanders. Doch dann kamen die Gerüchte.

Mein Schwager war ein Rikscha-Fahrer und fuhr auch in die ›Befehlsstelle‹ in der Zelazna 101 mit den berüchtigten Blösche, Klaustermeyer und Brandt. Sein Bruder Monjek war aus einem Deportationszug nach Treblinka geflüchtet, und so erfuhren wir zum erstenmal von Vernichtungslagern. Es gab auch Wehrmachtleute, die Geschäfte mit uns machten, die haben manchmal auch geplaudert über Konzentrationslager, sogar über Gaskammern. Die Namen Trawniki, Auschwitz, vor allem Treblinka fielen. Die großen Krankheiten begannen schon 1940. Typhus und Flecktyphus.

Wir haben in der Pawia gelebt, aber das Getto wurde immer kleiner und kleiner. Dann wohnten wir auf der Zamenhofa. Dann ist mein Vater auf Transport gekommen, und dann bald auch meine Mutter und Schwester. Wiedergesehen habe ich keinen. Überlebt von der Familie Gruszka habe nur ich. Durch Beziehungen habe ich eine Nummer bekommen und konnte beim Leichenunternehmer Pinkert arbeiten.«

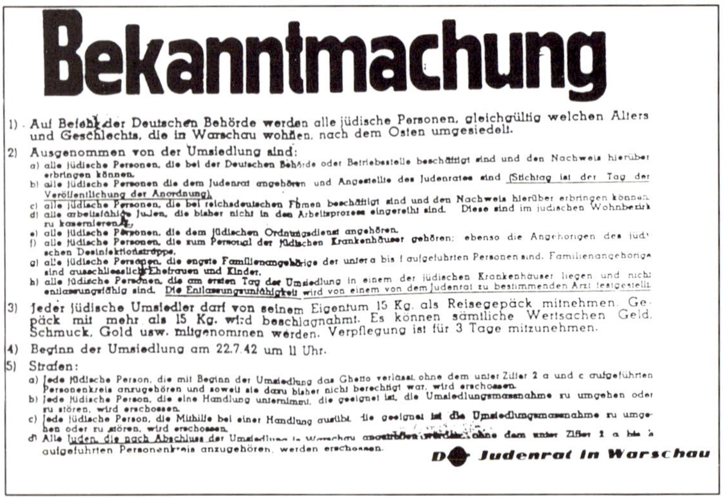

Bekanntmachung

1) Auf Befehl der Deutschen Behörde werden alle jüdische Personen, gleichgültig welchen Alters und Geschlechts, die in Warschau wohnen, nach dem Osten umgesiedelt.

2) Ausgenommen von der Umsiedlung sind:
a) alle jüdische Personen, die bei der Deutschen Behörde oder Betriebestelle beschäftigt sind und den Nachweis hierüber erbringen können.
b) alle jüdische Personen die dem Judenrat angehören und Angestellte des Judenrates sind (Stichtag ist der Tag der Veröffentlichung der Anordnung).
c) alle jüdische Personen, die bei reichsdeutschen Firmen beschäftigt sind und den Nachweis hierüber erbringen können.
d) alle arbeitsfähige Juden, die bisher nicht in den Arbeitsprozess eingereiht sind. Diese sind im jüdischen Wohnbezirk zu kasernieren.
e) alle jüdische Personen, die dem jüdischen Ordnungsdienst angehören.
f) alle jüdische Personen, die zum Personal der jüdischen Krankenhäuser gehören; ebenso die Angehörigen der jüdischen Desinfektionstruppe.
g) alle jüdische Personen, die engste Familienangehörige der unter a bis f aufgeführten Personen sind. Familienangehörige sind ausschliesslich Ehefrauen und Kinder.
h) alle jüdische Personen, die am ersten Tag der Umsiedlung in einem der jüdischen Krankenhäuser liegen und nicht entlassungsfähig sind. Die Entlassungsunfähigkeit wird von einem von dem Judenrat zu bestimmenden Arzt festgestellt.

3) Jeder jüdische Umsiedler darf von seinem Eigentum 15 Kg. als Reisegepäck mitnehmen. Gepäck mit mehr als 15 Kg. wird beschlagnahmt. Es können sämtliche Wertsachen, Geld, Schmuck, Gold usw. mitgenommen werden. Verpflegung ist für 3 Tage mitzunehmen.

4) Beginn der Umsiedlung am 22.7.42 um 11 Uhr.

5) Strafen:
a) Jede jüdische Person, die mit Beginn der Umsiedlung das Ghetto verlässt, ohne dem unter Ziffer 2 a und c aufgeführten Personenkreis anzugehören und soweit sie dazu bisher nicht berechtigt war, wird erschossen.
b) Jede jüdische Person, die eine Handlung unternimmt, die geeignet ist, die Umsiedlungsmassnahme zu umgehen oder zu stören, wird erschossen.
c) Jede jüdische Person, die Mithilfe bei einer Handlung ausübt, die geeignet ist, die Umsiedlungsmassnahme zu umgehen oder zu stören, wird erschossen.
d) Alle Juden, die nach Abschluss der Umsiedlung in Warschau angetroffen werden, ohne dem unter Ziffer 2 a bis h aufgeführten Personenkreis anzugehören, werden erschossen.

Der Judenrat in Warschau

Neun Monate nach den Fotos, die der Feldwebel Jöst im Warschauer Getto gemacht hatte, begann die große Aussiedlung. Danach war es leer auf den Straßen.

→

»Zweimal habe ich erlebt, wie die jüdischen Hilfspolizisten jemanden festnahmen und wegbrachten, offenbar Schmuggler. Dieses Bild ist auf der Okopowa entstanden. Sie wurde damals Dammstraße genannt und war die Grenze zwischen Getto und Friedhof.«

Vierzehn Kilometer Mauer

Zuerst war das Warschauer Getto durch Zäune von der Außenwelt abgetrennt. Dann wurde im späten Sommer 1940 mit dem Bau einer Mauer begonnen. Sie war im Juni 1941 fertig und vierzehn Kilometer lang. Zuerst waren die Zugänge noch offen, nur durfte kein Jude außerhalb dieses Gettogebietes wohnen. Mitten hindurch lief die Hauptstraße von Warschau nach Posen und Berlin. Am Morgen des 15. November 1940 wurden an allen 14 Toren des Gettos bewachte Schranken eingerichtet. 100 000 Juden, die bisher jeden Tag zu ihrer Arbeit in den arischen Teil gegangen oder mit der Straßenbahn gefahren waren, konnten nicht mehr hinaus. Sie mußten, wenn sie nicht verhungern wollten, einen Arbeitsplatz im menschenüberfüllten Getto finden. So drängten sie zu den großen Betrieben oder versuchten beim Judenrat zu arbeiten, der bis zu 5 000 Menschen beschäftigte. Die meisten blieben arbeitslos und hungerten. Sie hatten keine Arbeitskarte und waren die ersten, die im Juli 1942 zwangsdeportiert wurden.

→

»Selbst noch ein halbes Kind war dieser Junge, der zu den jüdischen Leichenträgern gehörte und mir zeigte, wie er mit seinen merkwürdigen Werkzeugen die Leichen anfaßt, an den Rand der Grube zieht und hinunterrutschen läßt.«

Der Chor des jüdischen Waisenhauses in Warschau. Am 5. August 1942 wurden die Kinder mit ihren Lehrern und ihrem Direktor Dr. Janusz Korczak nach Treblinka transportiert und ermordet.

Mord per Zeitung

Es war nicht etwa so, daß man in Deutschland nichts vom Warschauer Getto erfahren hätte. Die Ufa-Wochenschau berichtete darüber, auch der Großdeutsche Rundfunk. Am 24. Juli 1941 erschien ein Bildbericht in der »Berliner Illustrirten« unter dem Titel »Juden unter sich«. Es waren offizielle Bilder, zum Teil gestellt. Der Text stammte von einem Reporter der Propagandakompanien: »In den beispiellos verwahrlosten, schmutzstarrenden Judenvierteln von Warschau ist das Fleckfieber, die heimische Seuche, nie zum Erlöschen gekommen. 92 Prozent aller im Generalgouvernement an Fleckfieber Erkrankten sind von der jüdischen Bevölkerung gestellt worden. Die Juden selbst sind durch jahrelange Gewöhnung gegen das Fieber immun geworden. Die Sterblichkeitsziffer bei ihnen betrug nur zehn Prozent, aber um so schlimmer wütete die Krankheit bei Deutschen und Polen. Hier erreichte die Sterblichkeit 40 Prozent.«

Viele Menschen glaubten damals so etwas wirklich. Die Zeitungen und das Radio hatten ihnen Tag für Tag eingeredet, die Juden seien eine minderwertige Rasse und deshalb anfällig für Seuchen. Mit erlogenen Zahlen, falschen Statistiken, scheinbarer Wissenschaftlichkeit wurden Menschen so weit gebracht, die Juden als Untermenschen anzusehen, zu verbannen und zu vernichten. Das journalistische Verbrechen setzte sich in Mord um. Dabei hätte eine einfache Überlegung den Widerspruch gezeigt: Wenn die Juden gegen Fleckfieber immun waren, wie konnten dann 92 Prozent der Fleckfieber-Kranken Juden sein? Daß Fleckfieber durch Unterernährung und Übervölkerung begünstigt wird, wußte man damals auch.

Weiter im Naziton: »Die Juden fühlen sich wohl in ihrem eigenen Wohnbereich, sie freuen sich des großzügig gewährten Eigenlebens … Die Ernährungslage konnte nur gesichert werden, indem der Einfluß des Judentums, in dessen Händen sich fast der gesamte Handel mit landwirtschaftlichen Erzeugnissen befand, gebrochen wurde.«

Juden unter sich

So lebt und haust das Volk, aus dem die Mörder von Bromberg, von Lemberg, Dubno, Bialystok hervorgingen. Ein Bericht aus dem Warschauer Getto

Eine Welt für sich.

Eine hohe Mauer scheidet das Judenviertel von den anderen Stadtgebieten. Hier beginnt das Getto, der große jüdische Wohnbezirk Europas, durch die deutsche Verwaltung errichtet und unter Aufsicht der Regierung des Generalgouvernements von einem jüdischen Ältestenrat verwaltet. Straßenbahnen und eine Vielzahl von Dreirad-Taxis halten den Verkehr aufrecht.

»Berliner Illustrirte«, 24. Juli 1941

»Mit einer Geste ihrer verbundenen Hand wollte diese Frau mir zeigen, daß ihr Kind nichts zu essen hatte. Sie trug ein Kopftuch, war in eine Decke gehüllt, hatte aber keine Schuhe an.«

Sie werden von dort eine Karte schreiben

Stefan Szczupak erzählt: »Geboren bin ich in der Zlota 34. Zlota heißt Gold. Aber wir hatten keins. Mein Vater war Mechaniker. Die Miete war zu hoch für meine Eltern, da sind wir zur Zelazna 32 gezogen, Ecke Sienna. Später mußten wir immer wieder umziehen: Nowolipki, Krochmalna, Zamenhofa, Zelazna, Muranowka. Als der Krieg kam, sind die reichen Juden damals vielleicht weggegangen, aber wir nicht, wir waren keine Reichen. Viele haben bei Többens gearbeitet. Ich hab gehört, der Többens wollte auch viel retten damals, aber er konnte nicht. Die mußten alle ihre Nähmaschinen mitbringen. Die haben geglaubt, so wie ich auch, durch diese Arbeit können sie sich retten. Im Getto wußte keiner, was passiert. Keine Zeitungen, kein Radio, keine Informationen. Weil ich viel mit der Rikscha gefahren bin, hab ich viel gesehen. Die ganze Aussiedlung im Juli 42, alles hab ich gesehen. Von Treblinka hab ich erst viel, viel später gehört, beim Aufstand. Ja, paar Leute sind weggelaufen von Treblinka, aber keiner wollte das glauben. Solche Massenerschießungen und so, welcher Mensch hat das überhaupt glauben können? Zuhause waren wir sechs: die Eltern, zwei Schwestern, ein Bruder. Ich war der jüngste. Ich hab die Familie ernährt mit Rikschafahren. Die andern haben verkauft, Wäsche, Mantel, was sie gehabt haben. Dann kam ein Aufruf: Wer sich meldet zur Umsiedlung, kriegt ein Kilo Marmelade und drei Kilo Brot. Hat meine Mutter gesagt: Wenn sie uns töten wollen, werden sie doch den Leuten kein Brot und keine Marmelade geben. Also haben sie beschlossen, zum Umschlagplatz zu gehen. Ich selbst hab sie hingefahren mit meiner Rikscha. Auf dem Umschlagplatz haben sie zu mir gesagt: Wenn es uns gut geht, werden wir von dort eine Karte schreiben. Dann wirst Du nachkommen.

Eine Karte ist nie gekommen. Ich bin der einzige, der übriggeblieben ist von meiner Familie.«

AUFRUF

Ich gebe hiermit bekannt, dass alle Personen, die, gemäss der Anordnung der Behörden zur Aussiedlung kommen, sich am 29., 30. und 31. Juli ds. Jhrs. freiwillig zur Abreise melden werden, erhalten pro Person 3 Kg. Brot und 1 Kg. Marmelade.

Sammelpunkt und Produktenverteilung – Stawkiplatz Ecke Wildstrasse.

Mit Brot und Marmelade wurden die Juden nach Treblinka gelockt, und der jüdische Ordnungsdienst zeichnete dafür verantwortlich.

»Es gab eine Pferdebahn, und es gab die Rikschas. Die waren schneller, aber sie waren auch teurer.«

Das Lied vom Radziner Rabbi

Der jüdische Dichter Jitzhak Katzenelson aus Warschau kam am 27. April 1944 in Auschwitz an und wurde dort ermordet. Eines seiner hinterlassenen Werke ist »Das Lied vom Radziner Rabbi«. Der gräbt mit seinen Händen Gräber für die Toten, und neben ihm steht Gott und weint.

Daraus einige Verse in der Übersetzung von Iris von Stryk:

Vom Morgendämmern bis in die sinkende Nacht
wuchsen die kleinen Hügel, dann war es vollbracht.
Die Gräber sind für sich, doch den andern so nah –
jedes Häufchen Erde mahnt an das, was geschah.

Wir klagen ja gar nicht. Uns ist jetzt schon gut.
Gestorben, begraben der Jude nun ruht
und dankt Gott, daß die Strafe hinter ihm liegt.
Schlaft! raunt der Wald. Wie im Gebet er sich wiegt.

Millionen Juden, vergast, erschlagen, verhöhnt,
haben sich nach so einem Grabhügel gesehnt.
Nur ihr habt ein Grab, wie Israels Gesetz will,
drum schlaft! Die dunkle Nacht kommt, und alles wird still.
Es schwindet eure Pein, gelobt sei der Herr!
Doch wer spricht Kaddisch für euch, wer?
Der Rabbi spricht Kaddisch, das Totengebet.
Der Wind trägt es fort, bis auch das noch verweht.

Leiden, Trauer und das Gebet vergehn im Wind
wie das Amen-Seufzen, wo noch Juden sind.
Der Rabbi betet für euch alle vereint,
sagt: »Yisgadal!« Doch jemand neben ihm weint.

→

»Neben einer Frau mit einem guten Mantel und Schuhen, die halbhohe Absätze hatten, stand dieser abgerissene Mann, barfuß, mit seinem barfüßigen Kind auf den Schultern.«

CERATA
LINOLEUM
MONADA

Wie lebendige Fackeln

Am 22. April 1943 gab die Jüdische Kampforganisation das »Bulletin Nr. 5« heraus:

»Riesenbrände in den Straßen Swietojerska, Franciszkanska, Walowa und Nalewki. Nachmittags griffen sie auch auf die Zamenhofa über. In allen Gettostraßen verbreitete sich der dicke Qualm. Zweifellos wollen die Deutschen das Getto einfach ausräuchern, weil sie inzwischen eingesehen haben, daß sie unsern Widerstand in offenem Kampf nicht brechen können. Tausende von Frauen und Kindern verbrannten in den Häusern bei lebendigem Leibe. Die schrecklichen Schreie und verzweifelten Hilferufe waren überall zu hören. Manche erschienen mit brennenden Kleidern wie lebendige Fackeln in den Fensterhöhlen, doch selbst das machte die jüdischen Kämpfer in ihrem Entschluß, auch weiterhin Widerstand zu leisten, nicht wankend.«

→

»Dies war, meine ich, die Krochmalna. Ein Herr mit einer Aktentasche ging eilig über die Straße, als ginge er ins Büro. Vielleicht ging er wirklich. Mir fielen nicht nur die vielen Menschen, sondern auch die vielen offenstehenden Fenster auf. Wahrscheinlich lebten die Menschen so eng zusammengedrängt, daß sie dauernd Luft brauchten.«

Dieses SS-Foto stammt aus dem Bericht des Generals Jürgen Stroop. Es hat bei ihm die Unterschrift: »Ein Stoßtrupp«. Er nennt ihre Arbeit »Ausräucherung der Banditen«.

Die Juden werden vor Hunger krepieren

Jüdische Wissenschaftler haben damals berechnet, wieviel Kalorien ein Jude im Warschauer Getto 1941 zu essen bekam. Offiziell waren es 300 Kalorien pro Tag, in Wirklichkeit bekamen sie nur 184 Kalorien. Die »arischen« Polen erhielten 634 Kalorien, die Deutschen 2310 Kalorien.

Es gab auch Berechnungen, was diese Lebensmittel kosteten: Deutsche zahlten pro Kalorie 0,3 Zloty, Polen 2,6 Zloty und Juden 5,9 Zloty. Die wissenschaftliche Arbeit ist erhalten geblieben, ihre Autoren nicht. Der Gouverneur von Warschau, Dr. Ludwig Fischer, hatte ihr Schicksal in einer Redensart ausgedrückt, die er oft wiederholte: »Die Juden werden vor Hunger und Elend krepieren. Dann bleibt vom ganzen Judenproblem nur noch ein Friedhof übrig.«

Juli 1942: Auf dem »Umschlagplatz« wartet ein Vater mit seiner Tochter auf die Abreise nach Treblinka.

Nicht einmal der ist übriggeblieben, denn von den meisten blieb kein Rest: Ihre Asche wurde auf den Feldern Treblinkas verstreut oder in die Sola gekippt, die durch Auschwitz fließt. Als die Nazis nach Polen eingefallen waren, lebten in Warschau 360 000 Juden (statistische Angabe für den 28. Oktober 1939). Durch Geburten und Zuwanderungen kamen 129 000 Menschen hinzu. Von diesen 489 000 Juden wurden 1942 in der Zeit vom 22. Juli bis zum 21. September 270 000 Juden nach Treblinka deportiert. 1943 wurden in der Zeit vom 18. bis 22. Januar 6 000 Juden und vom 19. April bis 16. Mai weitere 56 000 deportiert. Gestorben oder ermordet sind im Getto in der Zeit vom November 1939 bis zum April 1943 rund 96 000 Juden. 1941 und 1942 wurden in Arbeitslager (vor allem Poniatowa und Trawniki) 17 900 Juden deportiert. In der ganzen Zeit sind aus dem Getto 42 500 Juden geflüchtet.

→

»Das war ein häufiges Bild, und ich hatte Hemmungen, es zu fotografieren: Eine Frau mit einem Kind, das wohl krank war, saß barfuß und bettelnd auf der Straße. Sie sah mich nicht an.«

Was soll nun aus uns werden?

Als Heinrich Jöst im September 1941 das Getto fotografierte, waren die Tore manchmal noch durchlässig. Mit einem Passierschein wurden »arische« Polen von deutschen Polizisten ins Getto gelassen. Im Hintergrund ein polnischer Polizeibeamter.

Nicht nur polnische Juden waren im Getto von Warschau. Auch aus Deutschland wurden sie dorthin abgeschoben. Das besorgte das Referat IV B 4 im Reichssicherheits-Hauptamt. Chef war Adolf Eichmann. Die Deutsche Reichsbahn stellte die Züge. In den »Fahrplankonferenzen« wurden von Beamten des Reichsverkehrsministeriums gemeinsam mit Eichmanns Stellvertreter Rolf Günther die Fahrpläne aufgestellt. Die »Ordnungspolizei« übernahm die Bewachung der Judentransporte. So kam es, daß der Feldwebel Heinrich Jöst plötzlich vor Juden stand, die er aus Köln kannte. Sie sprachen über ihre schreckliche Fahrt nach Warschau. Er fragte sie nach seinem Nachbarn, den jüdischen Weinhändler Karl Mayer aus Langenlonsheim. Sie hatten ihn nicht gesehen. Erst lange nach dem Krieg erfuhr Heinrich Jöst, daß dieser Karl Mayer nach Amerika entkommen war. Heinrich Jöst berichtet: »Als ich gehen wollte, fragten mich die Kölner: Was soll denn nun aus uns werden? Ich war damals so naiv, daß ich ihnen antwortete: Wieso, was soll denn aus Euch werden? Der Krieg ist bald vorbei, dann ist diese Sache hier zu Ende, und Ihr kommt wieder nach Hause. Ich hab das damals wirklich geglaubt. Was anderes konnte ich mir nicht vorstellen.«

Er hat sich gescheut, sagt er, diese Leute aus Köln dort im Getto zu fotografieren.

→

»Der Mann verkaufte irgend etwas. Ich weiß nicht mehr, waren es Zigaretten? Wieder fiel mir auf, daß der kleine Junge barfuß war an diesem Septembertag.«

Eine gewaltige Vergeltung

Appell der Jüdischen Untergrundorganisation an die Alliierten am 27. April 1943:

»Wir werden von SS- und Wehrmachtformationen belagert. Artillerie und Flammenwerfer sind eingesetzt. Flugzeuge werfen Brandbomben auf die 40 000 im Getto. Wenn Widerstand geleistet wird, sprengen oder verminen die Deutschen ganze Häuserblocks. Das Getto brennt, und Warschau ist voll Qualm. Verbrennen Männer, Frauen und Kinder nicht bei lebendigem Leibe, mordet man sie in Massen. Deutsche Posten bewachen die Einstiege zur Kanalisation. Die polnische Bevölkerung staunt über den jüdischen Kampfgeist, aber die Deutschen sind wütend und beschämt. Die jüdischen Kämpfer richteten einen Aufruf an die polnische Bevölkerung Warschaus, und die polnischen Arbeiter-Parteien haben ihnen ihre Hochachtung ausgesprochen. Nur die Alliierten aber können sofort und aktiv helfen. Wir wenden uns deshalb jetzt an die ganze Welt, und zwar im Namen der Millionen schon verbrannter, ermordeter oder lebendig begrabener, aber auch der noch kämpfenden Juden, die ebenfalls dem Untergang geweiht sind. Es ist nämlich erforderlich, daß eine gewaltige Vergeltung seitens der Alliierten den ruchlosen Feind jetzt sofort trifft und nicht erst irgendwann später, damit er begreift, wofür es die Vergeltung ist.«

An diesem 27. April berichtet der SS-General Stroop: »Insgesamt wurden heute im ehemaligen jüdischen Wohnbezirk 2 560 Juden erfaßt, davon 547 erschossen. Außerdem kamen wie immer zahlenmäßig nicht feststellbare Juden bei der Sprengung von Bunkern bzw. durch Feuer um. Die Gesamtzahl der bei der laufenden Aktion im ehemaligen jüdischen Wohnbezirk erfaßten Juden beträgt bis heute 31746.«

Dieselbe Straße wie auf dem rechten Bild, die Leszno. Die gleichen Menschen, anderthalb Jahre später. Aus den Bunkern und den brennenden Häusern geholt, werden die meisten von ihnen bald darauf tot sein.

»Es wirkte wie ein normales Straßenbild. Möbelgeschäfte, ein Maniküreladen, zwei Frauen mit Kinderwagen. Wenn nur die Armbinden nicht gewesen wären. Ich glaube, das war auf der Gerichtsstraße, die früher Leszno-Straße hieß.«

General Heusinger wird verschont

Aussage des Historikers Dr. Hillel Seidmann vor der Konsulin der Bundesrepublik Deutschland in New York, Dr. Eva Lindemann, am 28. März 1963:

»Ich lebte 1942 im Getto von Warschau. Über den bevorstehenden Besuch von General Heusinger in Warschau habe ich durch zwei Mitglieder des Judenrates gehört. Der eine hieß Ingenieur Lichtenbaum, der andere war auch ein Ingenieur und hieß Sztolcman. Beide leben nicht mehr. Ich selbst als Historiker und Direktor des Archivs der jüdischen Gemeinde (von 1936 bis 1943) interessierte mich besonders für diesen Heusinger.

Er war den Juden ferner dadurch bekannt geworden, daß er im August 1942 einen Befehl an bestimmte Einheiten der deutschen Armee erlassen hatte, in den von der deutschen Armee eroberten Städten sämtliche Juden – Männer, Frauen und Kinder – zu töten. Dieser Befehl ist veröffentlicht in den Congressional Records vom 19. April 1961, Seiten 5892 bis 5895. Als ich ihn 1942 in Warschau sah, war er etwas über mittelgroß, ziemlich dick und stramm.

Die Gespräche mit den Mitgliedern des Judenrates habe ich selbst nicht mit angehört. Später berichteten mir Herr Lichtenbaum und Herr Sztolcman und auch einige andere Judenratsmitglieder, daß sich Heusinger über den Zustand des Gettos und seiner Gebäude unterrichtet habe. Es schien mir, daß es den Judenratsmitgliedern aus der Art der Fragen, die Heusinger stellte, nicht möglich war zu schließen, warum er eigentlich erschienen war. Die Aussiedlung der Juden von Warschau war zur Zeit des Besuchs von Heusinger fast beendet. Von einer halben Million Juden lebten zu dieser Zeit noch vier- bis fünftausend. Ich weiß nur, daß nach seinem Besuch die Ermordungen und Deportationen beschleunigt abliefen. Ein Teil der vier- bis fünftausend Juden wurde bereits in Warschau ermordet, ein Teil wurde deportiert.«*

Die Aussage von Dr. Hillel Seidmann lag am 7. Mai 1963 dem Leitenden Oberstaatsanwalt in Hamburg vor. Ein Ermittlungsverfahren gegen den damaligen Bundeswehrgeneral Adolf Heusinger wegen Verdachts des Mordes wurde nicht eingeleitet.

19 Jahre später fand ich die Aussage in den Akten gegen den ehemaligen Gestapo-Chef von Warschau, Dr. Ludwig Hahn. Am 10. November 1982 machte ich eine Strafanzeige wegen des Verdachts des Mordes gegen Adolf Heusinger. Die Staatsanwaltschaft Hamburg leitete das Ermittlungsverfahren ein. Am 30. November 1982 starb Heusinger in Köln. Das Ermittlungsverfahren wurde eingestellt.

* Zitiert nach Ermittlungsverfahren gegen Ludwig Hahn 573/60, Staatsanwaltschaft Hamburg, Blatt 9289/92

→

»Auffallend war für mich, wie viele Jugendliche keine Schuhe trugen. Dabei war es an diesem Tag schon kalt. Im Hintergrund meines Fotos entdeckte ich später wieder diesen Wehrmacht-Feldwebel mit seinem Begleiter, einem Soldaten. Ich dachte mir, er hat im Getto einkaufen wollen, Schmuck vielleicht.«

1000 Morde – eine geringe Schuld

Am 10. Oktober 1985 sprachen die Richter Schenck, Horstkotte und Schwenke vom Schwurgericht Hamburg ein seltsames Urteil über den Polizeidirektor Otto Siemers aus Hamburg: »Der Angeklagte ist der Beihilfe zum Mord schuldig. Von Strafe wird abgesehen.«

Mindestens 1000 Juden waren es, zu deren Ermordung der Polizeidirektor an einem Tag im Mai oder Juni 1944 Beihilfe geleistet hatte. Da war das »Erntefest« schon längst gewesen, die Massenerschießungen von 42000 Juden am 3. und 4. November 1943 in Majdanek, Trawniki und Poniatowa. Aber immer noch gab es einzelne Judenlager in Polen, die liquidiert wurden.

Der Polizeidirektor Siemers hatte mit 60 bis 70 Mann seiner Polizeitruppe die Absperrung bei einer Massenerschießung besorgt. »Er begegnete einem in einen weißen Kittel gekleideten Mann, offenbar einem Juden, der dort ärztliche Aufgaben wahrnahm. Dieser sprach den Angeklagten auf deutsch mit den Worten an: ›Helfen Sie mir!‹ Der Angeklagte entgegnete dem Mann, er sei ohnmächtig wie dieser selbst. Wenn er ihm helfe, könne er sich auch gleich selbst erschießen... Im Lager sah der Angeklagte sehr viele Männer in SD- und ähnlichen Uniformen. Nach seiner Schätzung waren es etwa 200. Als der Angeklagte noch weiter in das Lager hineinging, erblickte er aus einer Entfernung von etwa 50 Metern die Erschießungsstätte: Aus dem Tor der letzten Halle bewegte sich eine lange Reihe nackter Menschen, eindeutig Juden – Männer und Frauen, aber keine Kinder –, auf eine etwa 50 Meter lange und mehrere Meter breite Grube zu, in die sie hineinstiegen und dort von zirka 5 Schützen erschossen wurden. Der Anblick entsetzte und erschütterte ihn. Er verließ das Lagergelände, begab sich wieder an seinen Befehlsstand und wickelte sich als Zeichen der Entrüstung und Distanzierung gegenüber dem Beobachteten einen Schal um den Hals... Im Übrigen unternahm der Angeklagte jedoch nichts. Die Absperrung, von der er nun wußte, daß sie der grausamen Tötungsaktion dienlich war, ließ er bestehen. Die Zahl der Opfer belief sich auf mindestens 1000... Der Angeklagte leistete letzten Endes nur einen peripheren Tatbeitrag. Die Tötungsaktion hätte von ihm nur vorübergehend gestört werden können. Es hätte nicht in seiner Macht gelegen, ihren Abbruch zu erzwingen. Der Angeklagte hat sich deutlich und nachdrücklich von dem Geschehen distanziert... Die aufgeführten Umstände rechtfertigen die Annahme einer geringen Schuld und das Absehen von Strafe.«

→

»Ein Stück Kohle wurde von dieser Frau mit der Waage abgewogen. Sie hatte außerdem Wurzeln und Kohl auf ihrem Verkaufskarren.«

Die Peitsche in der Hand

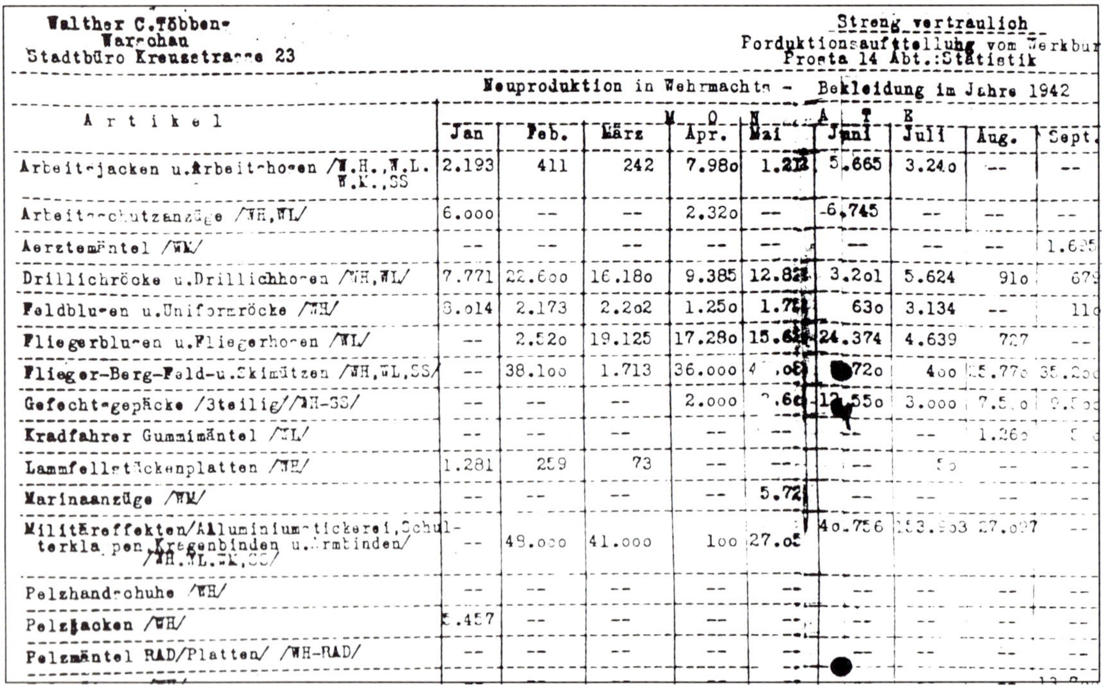

Walther C. Többen-
Warschau
Stadtbüro Kreuzstrasse 23

Streng vertraulich
Fordruktionsaufstellung vom Werkbur
Prosta 14 Abt.: Statistik

Neuproduktion in Wehrmachts – Bekleidung im Jahre 1942

Artikel	Jan	Feb.	März	Apr.	Mai	Juni	Juli	Aug.	Sept.
Arbeitsjacken u. Arbeitshosen /W.H., W.L. W.K., SS	2.193	411	242	7.98o	1.2[illegible]	5.665	3.24o	--	--
Arbeitsschutzanzüge /WH, WL/	6.000	--	--	2.32o	--	6.745	--	--	--
Aerztemäntel /WK/	--	--	--	--	--	--	--	--	1.6[illegible]
Drillichröcke u. Drillichhosen /WH, WL/	7.771	22.6oo	16.18o	9.385	12.8[illegible]	3.2o1	5.624	91o	67[illegible]
Feldblusen u. Uniformröcke /WH/	3.o14	2.173	2.2o2	1.25o	1.7[illegible]	63o	3.134	--	11[illegible]
Fliegerblusen u. Fliegerhosen /WL/	--	2.52o	19.125	17.28o	15.6[illegible]	24.374	4.639	727	--
Flieger-Berg-Feld-u. Skimützen /WH, WL, SS/	--	38.1oo	1.713	36.000	4[illegible].o[illegible]	[illegible]72o	4oo	[illegible]5.77o	35.2[illegible]
Gefechtsgepäcke /3teilig//WH-SS/	--	--	--	2.000	[illegible].6[illegible]	12.55o	3.000	7.5[illegible]o	9.5[illegible]
Kradfahrer Gummimäntel /WL/	--	--	--	--	--	--	--	1.26o	[illegible]
Lammfellstückenplatten /WH/	1.281	259	73	--	--	--	5o	--	--
Marineanzüge /WM/	--	--	--	--	5.72[illegible]	--	--	--	--
Militäreffekten/Aluminiumstickerei, Schulterklappen, Kragenbinden u. Armbinden/ /WH. WL. WK, SS/	--	48.ooo	41.000	1oo	27.o[illegible]	4o.756	[illegible]53.[illegible]o3	27.o[illegible]7	--
Pelzhandschuhe /WH/	--	--	--	--	--	--	--	--	--
Pelzjacken /WH/	[illegible].457	--	--	--	--	--	--	--	--
Pelzmäntel RAD/Platten/ /WH-RAD/	--	--	--	--	--	--	--	--	--

Aufstellung von produzierten Waren und der »Belegschaft« bei Többens: Während der Tage der großen Aussiedlungen im Sommer 1942 waren dort 13 500 Juden beschäftigt. In diesem Jahr wurden zum Beispiel 174 000 Tarnhosen und 268 000 Mützen hergestellt.

»Ich heiße Malosana, Anna. Geburtsdatum: 20.5.20 in Warschau. Beruf: Beamtin. Als Jüdin befand ich mich während der Besetzung in Warschau. Von 1940 bis 1943 weilte ich im Getto, wo ich bis 1942 als Kassiererin in einer Konditorei beschäftigt war. Vom August 1942 bis Februar 1943 arbeitete ich in der Schneiderwerkstatt bei Többens auf der Prostastraße 10. Der Eigentümer der Werkstatt, Walter Többens, ein Deutscher, beschäftigte bei sich mehrere tausend Juden. Többens verhielt sich der Bevölkerung gegenüber sehr schlecht. Man arbeitete bei ihm zwölf Stunden täglich, wofür man außer ¼ Kilo Brot und einem halben Liter Rübensuppe täglich keine Entschädigung bekam. Während des Arbeitswechsels war Többens täglich anwesend, und mit einer Peitsche in der Hand schlug er die vorbeigehenden Juden, wobei er keine Ausnahme machte. Mir ist bekannt, daß Többens mehrere Selektionen durchführte. Er stand dabei selbst am Hofeingang und suchte Leute aus, die in das Lager Treblinka gebracht werden sollten, wo sie in den Gaskammern umkamen.«*

* Ermittlungsverfahren Hahn, StA Hamburg 141 Js 192/60

»Ich habe dieses Bild gemacht, weil es mir so normal erschien. Wären nicht die beiden abgerissenen Frauen im Vordergrund gewesen, hätte man solch ein Foto damals auch in jeder anderen Stadt, sogar in Deutschland machen können.«

Von den Kindern fehlt jede Spur

Weitere Aussage der Beamtin Anna Malosana:

»Többens versicherte solchen Familienangehörigen, deren Vater bei ihm beschäftigt war, daß sie vollkommen beruhigt sein können, denn ihnen würde nichts geschehen. In Wirklichkeit aber sind während der Arbeitszeit des Vaters Gestapo-Autos vorgefahren, und nach Verständigung mit Többens wurden Frauen und Kinder aus den Häusern herausgeschleppt und in Lager gebracht, wo sie zum Tode verurteilt wurden. Für Kinder, deren Eltern bei Többens beschäftigt waren, legte Többens einen Garten an, in dem die Kinder sich aufhielten während der Arbeitszeit der Eltern. Gegen Ende 1942 ließ Többens sämtliche Kinder, die in diesem Garten untergebracht waren, in eine unbekannte Richtung verschleppen, wonach jede Spur von ihnen fehlte. Es sind mir Fälle bekannt, daß Többens von Haus zu Haus ging, und wo er eine junge Frau antraf, diese vergewaltigte. Im Falle, daß das mutmaßliche Opfer Widerstand leistete, machte er Gebrauch von seiner Waffe, was den Tod der betreffenden Frau zur Folge hatte. Es ist mir bekannt, daß Juden aus dem kleinen Getto sich zum großen Getto begaben, um dort ihre Angehörigen zu besuchen, und falls Többens bei dieser Gelegenheit Leute in dem sogenannten neutralen Bereich antraf, er diese von der Stelle ins Todeslager verschickte. Im Februar 1943 hielt Többens vor der jüdischen Bevölkerung eine Ansprache, in der er die in seiner Werkstatt beschäftigten Juden aufforderte, sich ohne Widerstand nach Poniatowa verlegen zu lassen, wo solche Verhältnisse herrschen sollten, in denen sie den Krieg überleben könnten. Nach der Übersiedlung der Leute nach Poniatowa wurden diese mit Többens Wissen nach einem Jahr ermordet. Ich persönlich bin im Februar 1943 aus dem Getto geflüchtet und befand mich bis zu meiner Befreiung auf der arischen Seite.«

→

»Ich wunderte mich, daß ich selbst im Getto gelegentlich auf ›bessere Leute‹ traf wie diesen Herrn mit Ziertüchlein und Regenschirm und seiner modisch gekleideten Frau mit Hut und Schmuck. Ich fragte mich, wovon sie leben mochten, und ein Jahr später fragte ich mich, ob sie wohl noch am Leben seien.«

Aus dem Fotoalbum eines Polizeibeamten

Von Hille fotografiert: Polizeikameraden erschießen jüdische Dorfbewohner.

Gustav Hille

Von Hille fotografiert: Einheimische werden gezwungen, Juden totzuschlagen. Deutsche Offiziere und Soldaten schauen zu.

Während die Menschen im Warschauer Getto noch immer hofften, sie würden mit dem Leben davonkommen, wurden die Juden in der polnischen Provinz und in der Ukraine zu Tausenden ermordet. Es gab kleine und große »Aktionen«. Besonders aktiv waren die deutschen Polizei-Bataillone. Der Polizeibeamte Gustav Hille, bis zu seinem Tode beim Polizeiamt Neckarsulm, hinterließ in seinem Fotoalbum eine Reihe eigener Fotos als Erinnerungsbilder an seine Zeit im Osten.

→

»Diese Straße hieß, meine ich, die Karmelicka. Sie war besonders voll von diesen Rikschafahrern.«

Schmarotzer oder geschickte Handarbeiter?

TRANSFERSTELLE WARSCHAU
ANSTALT DES ÖFFENTLICHEN RECHTS

Warschau, im August 1941.
KÖNIGSTRASSE 23
TEL. 549-60, 549-63

Jüdischer Arbeitsmarkt im Generalgouvernement

Die Neugestaltung der Wirtschaft im Generalgouvernement hat die deutsche Verwaltung vor die Notwendigkeit gestellt, sich mit dem Judenproblem in einem Umfange zu befassen, wie dies — verglichen mit innerdeutschen Verhältnissen — völlig neu ist. Besteht doch rund ein Drittel der Bevölkerung der Grosstadt Warschau aus Juden, und nicht selten wurden Kleinstädte angetroffen, die fast gänzlich Domänen des Judentums waren. Dies konnte jedoch nicht davon abhalten, die Ausschaltung des Judentums aus dem arischen Wirtschaftsleben in Angriff zu nehmen, und die erforderliche Umschichtung zwang nicht selten zu neuen Wegen in der Behandlung der jüdischen Massen. Meist drängten die Verhältnisse dazu, verstreut wohnende Juden in eigenen Wohnbezirken zu sammeln, um sie so besser beaufsichtigen zu können. Dies führte u. a. zur Bildung des geschlossenen jüdischen Wohnbezirks in Warschau, in welchen sich rund 500 000 Juden befinden.

Für die Verhältnisse im Reich ist hierbei neu und beachtlich, dass rund 40% der erwerbsfähigen Juden in Warschau dem Handwerkerstand angehören. Berufe wie: Schäftemacher, Schneider, Schirmmacher, Schreiner, Dachdecker, Taschner, Galanteriewarenerzeuger, Feinmechaniker usw. wurden in grossem Umfange von Juden ausgeübt. In einer Zeit, in der der deutsche Arbeiter vielfach das Werkzeug mit dem Gewehr vertauschen musste, entstand daher für die deutsche Verwaltung die Aufgabe, die verfügbaren jüdischen Fachkräfte in geeigneter und beaufsichtigter Weise für die deutsche Wirtschaft zum Einsatz zu bringen. Andererseits muss auch vermieden werden, dass unnütze Brotesser der Gesamtwirtschaft zur Last fallen. Unter Mithilfe interessierter Firmen war es bereits möglich, eine Reihe von Grosswerkstätten zu errichten, die unter deutscher Aufsicht ausschliesslich für deutsche Auftraggeber arbeiten. Die Leistungsergebnisse sind zufriedenstellend, wenn auch vielfach das von den jüdischen Handwerkern beigestellte gewerbliche Inventar veraltet oder ergänzungsbedürftig ist. Der Jude erweist sich meist als geschickter Handarbeiter, und in der Auftragsverlegung aus Gebieten mit Arbeitermangel nach Warschau stehen daher noch mannigfache Möglichkeiten offen.

Zur Bearbeitung der wirtschaftlichen Seite des Judenproblems in Warschau wurde vor kurzem die Transferstelle Warschau als Anstalt des öffentlichen Rechts, Warschau, Königsstr. 23, errichtet. Ihre Aufgabe ist es, deutschen Unternehmern, insbesondere solchen aus der Wehrwirtschaft, mit Rat und Tat bei der Auswertung der jüdischen Fachkräfte und gewerblichen Betriebe an die Hand zu gehen. Diese selbst sind in Verbänden zusammengefasst, wodurch der notwendige Einblick in die Art und Anzahl der vorhandenen Facharbeiter und in die Erzeugungsmöglichkeiten gegeben ist.

Bekanntmachung der »Transferstelle«, mit der jüdische Arbeitskräfte gesucht wurden. Als »Anstalt des öffentlichen Rechts« bezeichnet, war sie in Wirklichkeit eine Anstalt des öffentlichen Unrechts.

Immer hatte die Nazipropaganda behauptet, Juden seien Schmarotzer, Schacherer, Tagediebe. Plötzlich brauchte man sie als »geschickte Handarbeiter« und stellte fest, es sei »neu und beachtlich, daß rund 40 Prozent der erwerbsfähigen Juden in Warschau dem Handwerkerstand angehören«. So schnell entlarvten sie sich selbst, als sie »die verfügbaren jüdischen Fachkräfte« den deutschen Unternehmern zur Ausbeutung zutreiben wollten.

→

»Sogar aus alten deutschen Zeitschriften versuchte dieser Junge noch ein wenig Geld zu machen. Gekauft wurde, während ich zusah, nichts bei ihm.«

Illustrierte Presse
Die Wehrmacht
Illustrierte Zeitung
LUSTIGE BLÄTTER

»Ich habe beschlossen, abzutreten«

Aus dem Tagebuch von Adam Czerniakow:

19.1.42: Mir kam zu Ohren, daß Auerswald nach Berlin gerufen wurde. Ständig hege ich die Befürchtung, daß den Juden aus Warschau möglicherweise eine massenhafte Aussiedlung droht.*

22.1.42: Der Kommissar ist aus Krakau zurück und ging erst nach Mittag ins Büro. Trotz mehrmaliger Anrufe gelang es mir nicht, ihn zu erreichen.

23.1.42: Ich suchte Auerswald auf und fragte, ob es keine neuen Anweisungen aus Berlin gebe. Er erwiderte, er sei in Privatangelegenheiten in B. gewesen.

16.2.42: Unter der Bevölkerung mehren sich beunruhigende Berichte über eine Aussiedlung, Umsiedlungen usw.

20.2.42: Am Morgen traf in der Gemeinde der Kommissar mit einem höheren SS-Mann und irgend einem Schweizer (Arzt?) ein, der Fragen über das Getto und den Typhus stellte. Vor der Ankunft hatte A(uerswald) angeordnet, nichts über die Sterblichkeit zu sagen. Die Sterblichkeit betrug im Januar 5123 Personen.

18.3.42: Beunruhigende Nachrichten aus Lwów (Aussiedlung von 90 000 Menschen), Mielec und Lublin.

18.7.42: Ein Tag voller böser Vorahnungen. Gerüchte, wonach am Montag abend die Aussiedlung (aller?) beginnt. Ich fragte den Kommissar, ob er etwas davon wisse. Nein, antwortete er, und er glaube nicht daran. Im Wohnbezirk unterdessen Panik, die einen sprechen von Aussiedlung, die anderen von einem Pogrom.

19.7.42: Eine noch nie dagewesene Panik in der Stadt... Wegen der Panik bin ich heute im Auto den ganzen Wohnbezirk abgefahren. Ich weiß nicht, ob es mir gelungen ist, die Bevölkerung zu beruhigen. Das Meinige habe ich jedoch getan.

20.7.42: Morgens 7.30 bei der Gestapo. Ich fragte Mende, wieviel Wahrheit an den Gerüchten ist. Er entgegnete, er habe nichts davon gehört.

22.7.42: Um 10 Uhr erschien Sturmbannführer Hoefle mit Begleitern. Man eröffnete uns, daß – mit gewissen Ausnahmen – die Juden ohne Unterschied des Geschlechts und des Alters in den Osten abgeschoben werden sollen. Bis heute n. m. um 4 Uhr müssen 6000 Menschen bereitgestellt werden. Und so (mindestens) wird es jeden Tag sein.

23.7.43: Hinterlassener Brief von Czerniakow: »Ich habe beschlossen, abzutreten. Meine Tat wird alle die Wahrheit erkennen lassen und vielleicht auf den rechten Weg des Handelns bringen. Ich bin mir bewußt, daß ich Euch ein schweres Erbe hinterlasse.«

* Am 20. Januar 1942 tagte in der Grunewaldvilla am Kleinen Wannsee in Berlin die Konferenz der Staatssekretäre und beschloß die »Endlösung der Judenfrage«. Auerswald, der »Kommissar für den jüdischen Wohnbezirk«, fuhr dann von Berlin nach Krakau zur »Regierung« des Generalgouvernements, also zu Frank.

»Es war nicht zu verstehen: Im Schaufenster des Fleischerladens, ich glaube auf der Elektoralna-Straße lagen aufgestapelt Würste. Davor saßen hungernde Bettler.«

MELODY PALACE
Boks

Die Suppe

Im Getto existierte eine Hilfseinrichtung, die Jüdische Soziale Selbsthilfe. Sie gab den Verhungernden einmal täglich in Volksküchen eine Suppe. Manchmal mußte sie aus Heu gemacht werden. Zu der Zeit, als Heinrich Jöst seine Fotos im Getto aufnahm, lebten 100 000 Menschen von dieser dünnen Suppe.

Gleichzeitig lebte eine reiche Oberschicht wohlhabender Juden ohne Hunger. Gegen viel Geld konnte man im Getto damals noch fast alles kaufen. Es gab sogar »schwarze« Restaurants. Eines war in der Leszno-Straße. Ein anderes in der Gliniana-Straße, ein drittes in der Sienna-Straße. Es gab einige Cafés, es gab Bordelle. Revuen wurden veranstaltet, wobei die hungernden Schauspieler vor wohlhabenden Zuschauern spielten.

Emanuel Ringelblum notierte damals: »Suppenküchen lösen das Problem nicht. Sie verlängern das Leben, aber das Ende ist unabwendbar. Die Leute, die, auf Suppe und trockenes Brot angewiesen, sich in den Suppenküchen ernähren, sterben eines langsamen Todes. Die tragische Frage bleibt unbeantwortet: Soll das Wenige, das nicht genug ist, um das Leben zu erhalten, mit Tropfenzählern verteilt werden, oder soll man einer kleinen, ausgesuchten Gruppe bis zum Äußersten helfen?«

Eine unscharfe Aufnahme von Heinrich Jöst, aber sie zeigt, daß damals auch wohlhabende Frauen mit den Rikschas zum Einkaufen fuhren.

»Aus einer Türe wurde Essen ausgegeben an Juden, die dort in einer langen Schlange warteten. Der Mann im Vordergrund stand in der Reihe und reichte seinen Teller hin. Die Frau dahinter aß ihre dünne Suppe aus einem Blechteller.«

»Auf Wiedersehen, Herr Skubinn«

In den Pelzbetrieben der Firma Schultz nahm ein Mann mit Namen Franz Skubinn die Textilien für die Wehrmacht ab. Er ging auch mit nach Trawniki, als der Betrieb aus dem Warschauer Getto verlagert wurde, und dort erlebte er das »Erntefest«. In einer Vernehmung am 30. Mai 1963 berichtet er, frühmorgens am 3. November 1943 sei er geweckt worden mit der Nachricht, das Lager werde liquidiert.

»Mir war damals noch nicht klar, was man unter dem Wort liquidieren zu verstehen hatte. Als wir aufstanden, stellten wir fest, daß das Lager umstellt war, daß insbesondere Maschinengewehrnester außerhalb des Lagers angelegt waren.

Vor der Unterkunft der Unterführer entkleideten sich die Juden, Männer, Frauen und Kinder. Es lag dort bereits ein ansehnlicher Kleiderberg. Eine Jüdin bot einem SS-Mann etwas an und bat ihn, er solle ihr Kind beiseitebringen. Er hat lediglich erklärt, daß dies unmöglich sei. Von dem Platz aus führte ihr Weg zu den Exekutionsstätten. Diese Gräben waren vorher angelegt worden. Die Juden begaben sich ruhig und ohne Widerstand zu den Exekutionsstätten. Teilweise faßten sie sich an den Händen und gingen gemeinsam zu den Gräben. Einige erkannten mich und riefen mir zu: ›Auf Wiedersehen, Herr Skubinn.‹ Es war der niederschmetterndste Eindruck meines ganzen Lebens.

Später am Nachmittag wurden auch im Bereich des Arbeitslagers noch etliche 100 Juden in einer Kiesgrube erschossen, da die ausgehobenen Gräben nicht reichten. Ich beobachtete noch, daß einige Juden durch SS-Leute mit Knüppeln zu dieser Grube getrieben wurden. Der Führer des gesamten Kommandos untersagte dies den SS-Leuten. Er wollte die Angelegenheit wohl möglichst human abwickeln.

In den folgenden Tagen wurde eine sogenannte Nachlese durchgeführt. Als ich fünf bis sechs Tage nach der Aktion an einem Lagerschuppen vorbeikam, hörte ich eine Stimme: ›Herr Skubinn, hier ist Krohn. Was sollen wir machen?‹ Ich sagte daraufhin: ›Verschwinden!‹

Nach einigen Tagen wurde dieser Schuppen durchsucht, und man fand Krohn sowie einen anderen Juden und einen jüngeren männlichen Juden von 15 bis 16 Jahren, der schon verstorben war. Man brachte die beiden zur Wache. SS-Angehörige brachten die beiden Juden hinter den Massivbau der Zuckerfabrik. Dort wurden die beiden Juden erschossen.«*

* Ermittlungsverfahren gegen Ludwig Hahn, 141 Js 573/60, Staatsanwaltschaft Hamburg, Blatt 9271/9283

→

»Die Arme der Toten, die an den Seiten des Leichenkarrens herabhingen, bewegten sich. Es war ein unheimliches Bild. Im Hintergrund ist das Eingangstor zum jüdischen Friedhof.«

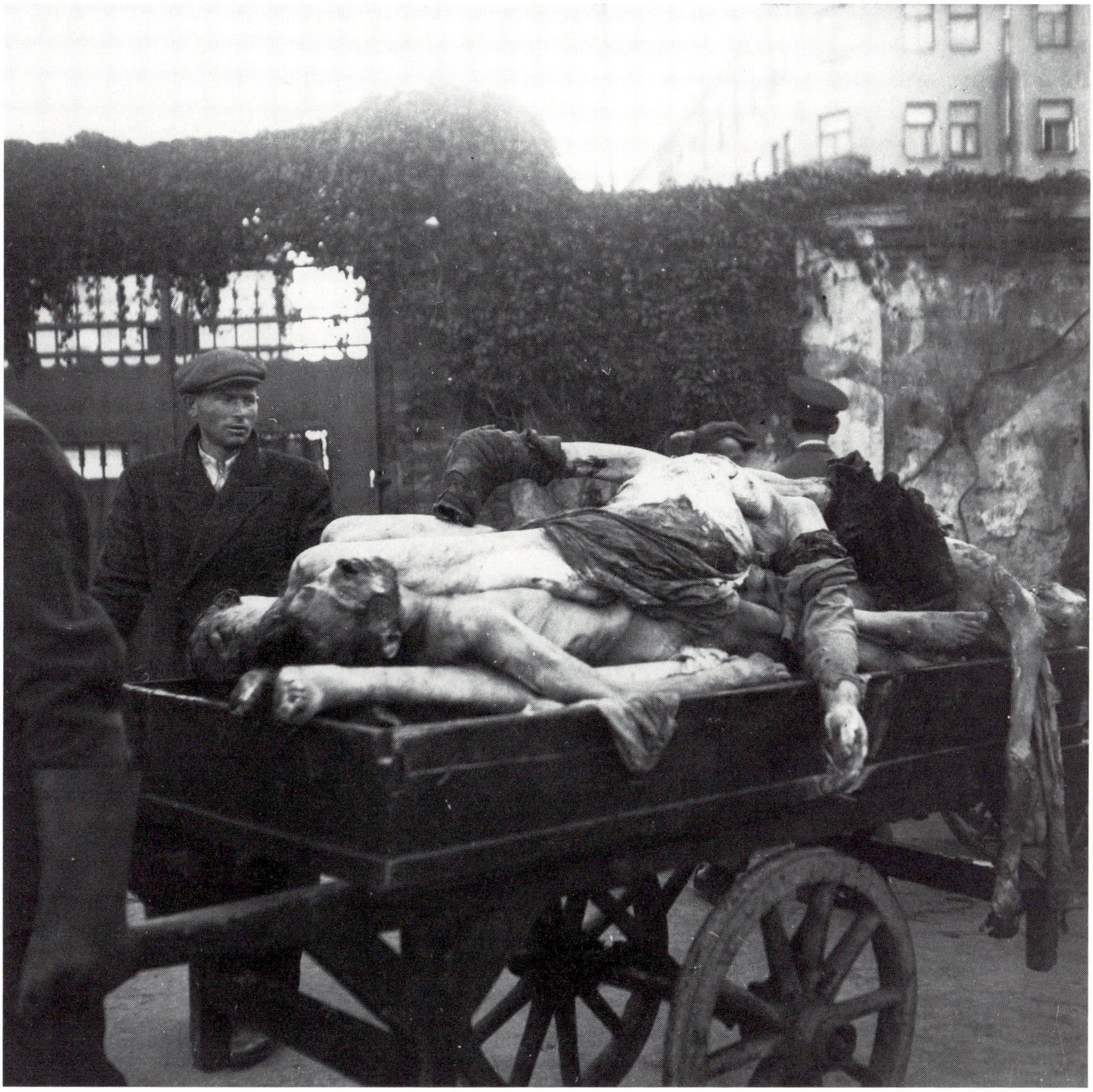

Nachts werden 50 Männer erschossen

Aussage von Leon Tyska am 4. Januar 1971 in Hamburg:

»Von Ende 1940 bis zum Tod von Czerniakow war ich dessen Privatsekretär.

Einige Zeit vor der Massenaussiedlung nach Treblinka, an einem Morgen, kamen Offiziere des jüdischen Ordnungsdienstes in die Gemeinde und berichteten Czerniakow, daß in der vergangenen Nacht etwa 50 Personen aus ihren Wohnungen herausgeholt und jeweils vor ihren Haustüren erschossen worden seien. Später kamen die Familien der Opfer zur Gemeinde. Sie erzählten, nachts habe es an der Tür geklopft, und Deutsche hätten den Vater oder Sohn aus der Wohnung herausgeholt. Die Deutschen waren in Uniform. Kurze Zeit später hörten sie Schüsse auf der Straße und fanden später ihre Angehörigen erschossen auf. Von diesen Leuten kannte keiner die Namen der Täter.

Gleich nach dem Bericht der Ordnungsdienst-Leute und der Familienangehörigen telefonierte Czerniakow mit Brandt vom Judenreferat. Czerniakow wurde am Telefon von Brandt sogleich zur Aleja Szucha* bestellt. Etwa zwei Stunden später kam Czerniakow zurück. Er erzählte mir in Anwesenheit von mehreren Mitgliedern des Judenrates, daß Brandt ihm erklärt habe, daß die Erschießung durchgeführt worden sei, weil im Getto eine illegale Zeitung hergestellt worden sei. Diese Personen seien in verschiedener Weise an der Herstellung dieser Zeitung beteiligt gewesen. Czerniakow berichtete mir ferner, daß Brandt ihm eine Liste gezeigt habe, auf der die Erschossenen namentlich und mit Adresse aufgeführt gewesen seien. Mir ist von den Erschossenen der Bäcker Blajman bekannt gewesen. Blajman hatte für die Versorgungsanstalt das Brot gebacken. Czerniakow hatte sich bei Brandt erkundigt, warum auch Blajman erschossen worden sei. Darauf hat Brandt ihm geantwortet, daß Blajman die Zeitung finanziell unterstützt habe. Mir selbst war von der Existenz einer solchen Zeitung nichts bekannt. Czerniakow hatte – wie er mir berichtete – Brandt noch gefragt, warum er diese Leute hätte erschießen lassen und ihn nicht vorher über Einzelheiten in dieser Angelegenheit gefragt hätte, weil sich nach seiner Ansicht diese Leute nichts hätten zuschulden kommen lassen. Brandt lehnte es ab, weitere Erläuterungen zu geben. Es ist gut möglich, daß es sich um die Nacht vom 17. zum 18. April 1942 gehandelt hat. Ich erinnere mich, daß es um die Zeit des jüdischen Osterfeiertages war.«**

* In der Szuch-Allee war das Hauptquartier der Gestapo.

** Ermittlungsverfahren gegen Ludwig Hahn, 141 Js 192/60, Staatsanwaltschaft Hamburg, Blatt 25545/25564

→

»Ich glaube, der Mann schlief, als ich ihn fotografierte. Er hat sich die ganze Zeit nicht geregt.«

Das Krankenhaus wird geräumt

Weitere Aussage von Leon Tyszka:

»Die Gewißheit über das Schicksal der Warschauer Juden bekamen wir etwa am zweiten Tag nach Beginn der Umsiedlung. Polnische Bahnbeamte berichteten über die Transporte nach Treblinka und die Zustände bei der Entladung. Etwa am dritten Tag der Umsiedlung beging Czerniakow Selbstmord. Er hatte zwei Zettel hinterlassen. Der eine Zettel war für seine Frau bestimmt. Der andere Zettel für die Mitglieder des Judenrates. Auf diesen Zettel hat Czerniakow geschrieben, daß Worthoff und seine Genossen bei ihm gewesen seien und von ihm verlangt hätten, die Kinder am nächsten Tag zur Aussiedlung zur Verfügung zu stellen. Das habe er nicht mehr erleben wollen.

Am Eingang zum Gebäude des Judenrates mit Beamten des jüdischen Ordnungsdienstes davor. Dieses Foto war gestellt von Fotografen der Propagandakompanien der Wehrmacht, die den Gegensatz zwischen »Reichen« im Getto und verhungernden Bettlern betonen wollten.

Das Höfle-Kommando hatte seine Dienststelle in der Zelaznastraße 103. Sie nannten dieses Haus selbst Befehlsstelle. Orf war als besonders grausam verschrien. Ich erinnere mich noch an den Fall einer rumänischen Jüdin, die mit ihrem Kind von Orf im Niemandsland zwischen den beiden Gettos erschossen wurde. Es wurde der Gemeinde gemeldet und dann der Beerdigungsunternehmer Pinkert hingeschickt, um die Leiche zu holen.

Czerniakow mußte jeden Sonnabend zusammen mit dem Leiter des Ordnungsdienstes Szerynski zur Berichterstattung und zur Entgegennahme der Befehle für die nächste Woche zur Gestapo in die Aleja Szucha kommen. In einem Fall – ich glaube, es war Ende 1941 – wurde Czerniakow von Dr. Hahn eröffnet, daß er das Krankenhaus Czyste zu räumen habe. Czerniakow wurde zur Räumung eine ganz kurze Frist, nach meiner Erinnerung 24 oder 48 Stunden, gesetzt. Diese Maßnahme wurde als besonders hart empfunden, weil in dem Krankenhaus sehr viele Schwerkranke lagen.

→

»Vor dem Eingang zum Beerdigungsbüro saßen Bettler auf der Straße, nur noch Lederhaut über den Knochen.«

Versteckt in einer hölzernen Latrine

Weitere Aussage von Leon Tyszka:

»Ein anderes Mal wurde Czerniakow im Frühjahr 1942 durch Brandt zu Dr. Hahn bestellt. Hier wurde ihm mitgeteilt, daß der Judenrat eine Kontribution in Höhe von – nach meiner Erinnerung – über 1 000 000 Zloty zu zahlen habe, weil nicht genügend Arbeitskräfte entsprechend der Verordnung durch das Arbeitsamt zur Verfügung gestellt worden wären.

Ich möchte noch erwähnen, daß Czerniakow mehrere Male von der Gestapo nach seinem sonnabendlichen Besuch mit einem zerschlagenen Gesicht zurückkam. Am Morgen des 18. Januar 1943 wurde das Getto wieder von deutschen Einheiten umzingelt. Andere Einheiten drangen in das Getto ein und räumten in der gleichen Weise wie im Sommer 1942 die Häuser. Ich wurde mit meiner Familie aus meiner Wohnung in der Nähe der Versorgungsanstalt geholt.

Ich war auf dem Umschlagplatz zusammen mit meiner Frau und meinem Bruder. Hier entdeckte ich Vaders und bat ihn um Hilfe. Er verwies mich an Brandt von der Sicherheitspolizei, der wenig später in meiner Nähe erschien. Ich sprach Brandt an, der mir erklärte, er müsse sehr vorsichtig sein, weil er keine Entscheidungsbefugnis hätte, sondern die Aktion von einem von Eupen-Malmedy geleitet würde. Dieser von Eupen-Malmedy war noch sehr jung, zirka 23 Jahre alt, schlank und hatte blondes Haar.

Brandt sagte mir, ich solle mich in eine in der Nähe befindliche hölzerne Latrine begeben und würde dort abgeholt werden. Tatsächlich holte mich einige Zeit später ein Unterscharführer aus der Toilette ab, und ich konnte zusammen mit meiner Frau und meinem Bruder, die noch nicht verladen worden waren, wieder zu meiner Wohnung gelangen.

Die Aktion dauerte noch am 19. 1. 1943 bis etwa gegen 16.00 Uhr an. Am 18. 1. 1943 hatte es bereits Widerstand seitens der Juden gegeben. Es waren Schüsse zu hören gewesen, und man sagte mir am Umschlagplatz, daß aus einem Haus Juden auf die Deutschen geschossen hätten. Ich schätze, daß bei dieser Aktion zwischen 8 000 und 12 000 Juden vom Umschlagplatz abtransportiert worden sind. Einige hundert Leute waren bereits am Umschlagplatz erschossen worden, andere auch durch die Bewegung in der Menge erdrückt worden.

Bei dieser Aktion wurden übrigens auch die Judenratsmitglieder Dr. med. Milejkowski und Dr. Rosenstadt mit abtransportiert.«*

* Ermittlungsverfahren gegen Dr. Ludwig Hahn, Staatsanwaltschaft Hamburg 141 Js 192/60, Blatt 25545/25564

»Der Mann machte auf dem Friedhof eine Buchführung der Leichenkarren. Ich hatte den Eindruck, daß er die Toten nicht einmal genau durchzählte.«

Kein Jude hätte zu sterben brauchen

45 Jahre nach der Großaktion des SS-Generals Stroop war es in der Bundesrepublik Deutschland wieder zulässig, Juden zu beleidigen und den Getto-Mord zu verharmlosen – jedenfalls für einen Naziverteidiger wie den Hamburger Rechtsanwalt Jürgen Rieger. Der hatte in einem Plädoyer für den früheren SS- und Polizeiführer in Warschau, Arpad Wigand, erklärt: »Gründe der Seuchenbekämpfung waren es, die zur Bildung des Gettos führten.« Und: »Daß wegen der Gettobildung sich Fleckfieber ausgebreitet hätte, wie die Staatsanwaltschaft hier behauptet hat, stellt die Tatsachen auf den Kopf.« Und noch einmal: »Die Einrichtung und hermetische Abschließung des Warschauer Gettos« sei »eine auf Betreiben der dortigen Ärzte angeordnete Maßnahme zur Seuchenbekämpfung« gewesen.

Über den Hungertod im Getto sagte der Anwalt, daß »bei mehr Solidarität der Juden untereinander« kein Jude hätte zu sterben brauchen.

Dieser Rechtsanwalt hat seine Vorgeschichte und seine Nachgeschichte. In einem Flugblatt, für das er verantwortlich zeichnete, stand die Frage: »Wollen Sie, daß Hamburg slawisch wird?« Zur Begründung dieser Schrekkensfrage wurde auf die Polen hingewiesen, die seit langem ein »polnisches Hamburg« forderten, einen »Vormarschplan« hätten und »noch mehr vertreiben« und »noch mehr ermorden« wollten. Rieger hatte, begleitet von einer rechtsradikalen Schlägertruppe, 1970 in Kassel beim Treffen zwischen Stoph und Brandt die DDR-Fahne vom Mast gerissen. Er hatte eine rassistische Hetzschrift verfaßt: »Rasse – ein Problem auch für uns«. Darin stand die Lehre vom »typisch nordischen Menschen«, der »heute 1,78 Meter groß« sei. Der »Weiße« bewähre sich in »Berufen, in denen Intelligenz verlangt wird, die Neger im Showbusiness«. Diese Schrift wurde zwar verboten, aber Rieger ist heute mehr denn je aktiv in seiner rassenpolitischen Vereinigung.

Als Hamburger Juden gemeinsam mit dem Vorsitzenden der Jüdischen Gemeinde in Westberlin, Heinz Galinski, Anzeige wegen Beleidigung und Verleumdung gegen Rieger erstatteten, kam der Bundesgerichtshof zu einem Urteil gegen die Juden: Sie müßten solche Beleidigungen hinnehmen, wenn sie im Rahmen einer Verteidigung erfolgten.

»Von mir erwarteten sie alle nichts, die kleinen Bettler, wie dieser Junge mit seiner Mütze auf der Straße, barfuß.«

Gas ist sicherer als Typhus

Der »Reichsredner« Waldemar Schön aus Merseburg wurde von den Nazis als »Gettospezialist« eingesetzt und zum Leiter der »Abteilung Umsiedlung« im Amt des Gouverneurs in Warschau ernannt. Außer einem abgebrochenen juristischen Studium hatte er keine Fachkenntnisse. Aber er leitete aus der nationalsozialistischen Rassenpolitik die Notwendigkeit ab, die »Arier« streng von den Juden zu isolieren, um gesundheitliche Gefahren zu vermeiden. Mit dieser Scheinbegründung ist der Gettobau in Warschau begonnen worden. SS-General Jürgen Stroop schreibt dazu in seinem Abschlußbericht: »Von der Abteilung Gesundheitswesen wurde damals die Errichtung eines jüdischen Wohnbezirks im Interesse der Gesundheit der deutschen Truppen und auch der Bevölkerung als besonders dringlich dargestellt.«

Eingesperrt zum Verhungern waren die Menschen in Häusern mit Fleckfieber. Vor jedem solchen Haus stand ein Wachposten des jüdischen Ordnungsdienstes.

In Wirklichkeit rechneten die Nazis damit, daß in dem menschenüberfüllten Getto die Seuchen zur Dezimierung der Juden in ihrem Sperrgebiet führen würden. Am 13. Juni 1941 schreibt Adam Czerniakow in sein Tagebuch: »Die Epidemie nimmt sehr stark zu.« Und am 16. Oktober 1941: »Der Typhus breitet sich weiter aus.« Aber es ging den SS-Planern nicht schnell genug. Das Gas war sicherer als die Seuchen, todsicher.

→

»Wohin mochte der Rikschafahrer dieses Kind bringen, das offensichtlich typhuskrank war? Gab es überhaupt noch ein Krankenhaus für Juden? Von meinen deutschen Kameraden konnte mir das niemand sagen.«

Die versuchte Rettung von Inka Salzwasser

Jozef Sedlecki, heute Hoteldirektor in New York, war damals in Treblinka Arbeitsjude beim Desinfektionskommando. Dort wurde das abgeschnittene Frauenhaar desinfiziert und zur industriellen Verwertung verpackt und nach Deutschland geschickt. Bei der Ankunft eines neuen Transports aus Warschau sieht Sedlecki seine Freundin Inka Salzwasser. Er versucht sie zu retten.

Sedlecki, 1 Meter 90 groß, von den Deutschen nur Langer genannt, hat bei den SS-Leuten wegen seiner Größe und seiner sportlichen Erscheinung einige Sympathien. Er geht also zu dem SS-Hauptscharführer Küttner und bittet ihn, seine Freundin Inka Salzwasser zur Arbeit im unteren Lager auszusuchen. Küttner tobt zunächst, ist aber nach längerer Fürbitte bereit, sie dort einzuteilen.

Dann sucht Sedlecki nach Inka, kann sie jedoch nicht mehr finden. Sie ist, wie er hört, schon auf dem Wege zur Gaskammer. Auf seine Bitte läuft ein SS-Mann, dem Häftlinge den Spitznamen Maus gegeben haben, in Richtung zur Gaskammer und bringt von dort Inka Salzwasser zurück, die schon nackt war und sich sofort wieder anziehen darf. Vor Freude über die Rettung geht Sedlecki mit Inka Salzwasser zu Küttner, um sie ihm vorzustellen. Da kommt der Lagerkommandant Kurt Franz hinzu und erkundigt sich, was hier los sei. Sedlecki sagt ihm, daß Küttner seine Freundin Inka Salzwasser gerettet habe. Da wird Franz böse und sagt: »Weg mit der Scheiße!« Inka Salzwasser wird von einem nicht bekannten SS-Mann in den Schlauch gebracht und dort von ihm erschossen.

Sie sah den Henker von Treblinka wieder: Die Überlebende Miriam Byg im Prozeß gegen »Ivan den Schrecklichen« in Jerusalem.

→

»Vor einem Hut- und Mützengeschäft verkaufte eine Frau Salzgurken aus dem Glas. Sie hatte ihren kleinen Verkaufsstand mit Draht gegen Diebe geschützt.«

PELUSZY, CZAPEK

Mit Armbinden vom Roten Kreuz

Aus dem Urteil gegen Kurt Franz und andere:

»Auf dem Scheinbahnhof Treblinka waren große Schilder in deutscher und polnischer Sprache aufgestellt: ›Achtung Warschauer Juden! Ihr befindet euch hier in einem Durchgangslager, von dem aus der Weitertransport in Arbeitslager erfolgen wird. Zur Verhütung von Seuchen sind sowohl Kleider als auch Gepäckstücke zum Desinfizieren abzugeben. Gold, Geld, Devisen und Schmuck sind gegen Quittung der Kasse zu übergeben. Sie werden später gegen Vorlage der Quittungen wieder ausgehändigt. Zur Körperreinigung haben sich alle Ankommenden vor dem Weitertransport zu baden.‹ Gebrechliche, alte, kranke Menschen, die nicht mehr gehfähig waren, wurden aufgefordert, sich mit Hilfe der Angehörigen des jüdischen Arbeitskommandos zum Lazarett zu begeben, wo ihnen ärztliche Hilfe zuteil werden würde. Tatsächlich handelte es sich um die Genickschußanlage. Sie mußten sich dort nackt ausziehen und wurden dann durch die im Lazarett diensttuenden Wachmannschaften erschossen. Sie trugen dabei Armbinden mit dem Roten Kreuz.«

Ein Bild aus dem Herbst des Jahres 1935. Ein orthodoxer Jude mit Bart und Mütze vor einem Uniformgeschäft in Warschau.

Die anderen »mußten sich entkleiden, ihre Kleidungsstücke zu Bündeln zusammenlegen, Strümpfe in die Schuhe stecken und die Schuhe mit einem Bindfaden zusammenbinden. Danach trieb man sie in den Schlauch, die ›Himmelfahrtsallee‹, Richtung Gaskammer. Im Schlauch wurden sie von den Bewachungsmannschaften mit Stock- und Peitschenhieben, Kolbenschlägen, Fausthieben in die Gaskammern getrieben, hineingepreßt. Säuglinge und kleine Kinder wurden dabei oft über die Köpfe der in den Kammern stehenden Erwachsenen hinweg einfach in die Räume hineingeworfen. Wenn schließlich überhaupt niemand mehr hineinging, wurden die Türen der Kammern geschlossen und der deutsche Kommandoführer gab mit dem Zuruf ›Iwan, Wasser!‹ dem Ukrainer im Motorenraum den Befehl, den Motor anzuwerfen, dessen Abgase in die Kammern geleitet wurden.«

»Es war für mich wie ein Bild aus dem Alten Testament, dieser alte Herr mit seinem Päckchen unter dem Arm, wie er doch sicher seinem Tode entgegenging.«

Anderthalb Stunden bis zum Tod

Weiter aus dem Urteil gegen Kurt Franz und andere:

»Wenn nach etwa dreißig bis vierzig Minuten alles still war, dann wurden die Klapptüren geöffnet. Wenn ein oder das andere Opfer noch lebte, wurde es entweder auf der Rampe oder auf dem weiteren Weg zur Grube oder zum Verbrennungsrost von dem deutschen Kommandoführer oder einem Angehörigen der ukrainischen Wachmannschaft erschossen. Auch die Ankömmlinge, die wegen Überfüllung der Gaskammern nicht mehr hineingingen, wurden direkt an den Leichengruben erschossen. Während der Ausräumung der Gaskammern und deren Reinigung durch die Angehörigen des sogenannten Säuberungskommandos mußten die nachfolgenden Opfer in einer Entfernung von 50 bis 60 Metern vor den Gaskammern darauf warten, daß auch sie an die Reihe kamen.

Dieses Warten auf die nächste Füllung der Kammern war besonders qualvoll, da die Nachfolgenden die Schreckensschreie und das Jammern der in den Kammern befindlichen Personen hörten und über ihr eigenes ihnen unmittelbar bevorstehendes Schicksal nun auch nicht mehr den geringsten Zweifel haben konnten. Diese Qual erreichte ihren Höhepunkt, wenn der Motor versagte und es geraume Zeit bis zur Wiederinbetriebnahme dauerte. Die Zeit zwischen der Ankunft eines Transports auf der Bahnhofsrampe und der völligen Vernichtung der mit ihnen ins Lager gekommenen Menschen betrug im Regelfalle nicht mehr als etwa anderthalb Stunden. Das ergibt sich auch aus den erhalten gebliebenen Fahrplänen der Generaldirektion der Ost-Bahn.

In den Zeiten des Hochbetriebes kamen täglich drei, mitunter sogar vier und fünf Transportzüge in Treblinka an, durchschnittlich brachte jeder Zug 6 000 Personen.«

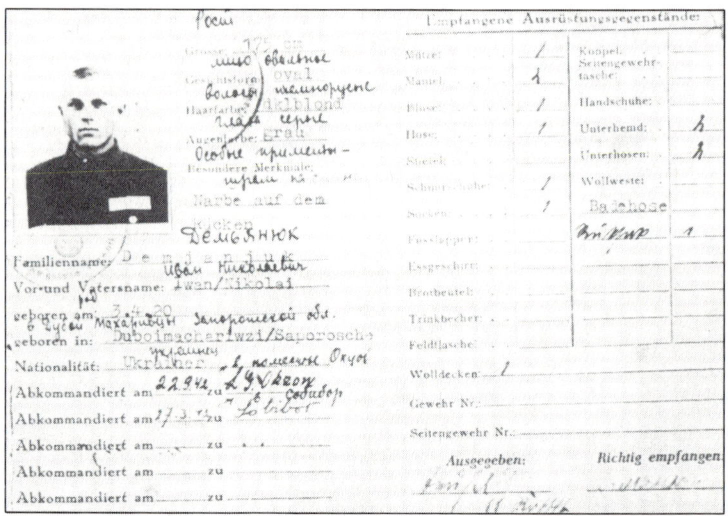
Empfangene Ausrüstungsgegenstände:
Grösse: 175 cm
Gesichtsform: oval
Haarfarbe: dklblond
Augenfarbe: grau
Besondere Merkmale: Narbe auf dem Rücken
Familienname: Demjanjuk
Vor- und Vatersname: Iwan/Nikolai
geboren am: 3.4.20
geboren in: Duboimachariwzi/Saporosche
Nationalität: Ukrainer
Abkommandiert am 22.9.42 zu
Abkommandiert am 27.3.43 zu Sobibor
Abkommandiert am zu
Abkommandiert am zu
Abkommandiert am zu
Mütze: 1
Mantel: 1
Bluse: 1
Hose: 1
Stiefel:
Schnürschuhe: 1
Socken: 1
Fusslappen:
Essgeschirr:
Brotbeutel:
Trinkbecher:
Feldflasche:
Wolldecken: 1
Gewehr Nr.:
Seitengewehr Nr.:
Koppel, Seitengewehrtasche:
Handschuhe:
Unterhemd: 1
Unterhosen: 1
Wollweste:
Badehose
Ausgegeben:
Richtig empfangen:

Ausweis des Ukrainers Ivan Demjanjuk aus dem Lager Trawniki, der in Treblinka zum Massenmörder wurde.

»Im Schaufenster standen Bohnen, Grieß, Hülsenfrüchte, Salz. Eier lagen dort, sogar eine Packung Kaffee, aber ich wußte nicht, ob sie leer war. Käufer sah ich nie dort.«

SODA
MAKA
15
13
26
16
15

Der Hund Barry

Weiter aus dem Urteil gegen Kurt Franz und andere:

»Entweder Ende 1942 oder Anfang 1943 wurde der Hund Barry ins Vernichtungslager Treblinka gebracht, ein kalbsgroßer, schwarz-weiß gefleckter Mischlingshund mit den überwiegenden Rassemerkmalen eines Bernhardiners. Sein Herr war Kurt Franz. Der hetzte den Hund mit den Worten ›Mensch, faß den Hund!‹ auf Häftlinge, die ihm irgendwie aufgefallen waren. Barry ging aber auch dann schon auf einen Häftling los, wenn Franz diesen nur anbrüllte. Er biß wahllos auf den Häftling ein. Häufig biß er in das Gesäß, in den Unterleib und mehrfach auch in das Geschlechtsteil der männlichen Häftlinge. Oft gelang es ihm, den angegriffenen Mann zu Boden zu werfen und ihn dort bis zur Unkenntlichkeit zu zerfleischen. Wenn Franz nicht im Lager war und der Hund nicht unter seinem Einfluß stand, war er nicht wiederzuerkennen. ›Man konnte ihn streicheln und sich sogar mit ihm necken, ohne daß er jemandem etwas tat!‹ Mit der Pflege des Hundes war der tschechische Häftling Masarek beauftragt. Die Verpflegung des Hundes war viel besser als die der Arbeitshäftlinge. Nach der Schließung des Lagers Treblinka Ende November 1943 brachte der Angeklagte Menz den Barry zu Dr. Struwe nach Ostrowo, Chefarzt des Kriegslazaretts. Barry lag nun meist unter dem Schreibtisch oder neben dem Schreibtisch im Arbeitszimmer des Arztes und wurde im Lazarett Ostrow, dem größten deutschen Kriegslazarett im Osten, als das große Kalb bezeichnet. Er tat niemandem etwas zuleide. 1944 brachte Struwe den Barry zu seiner in Schleswig-Holstein lebenden Frau, später übernahm ihn der Bruder des Zeugen. 1947 wurde Barry aus Altersschwäche getötet.«

Verladung von Juden auf dem Danziger Bahnhof in Warschau zur Fahrt nach Treblinka.

»Idyllisch mit Efeu bewachsen war das Eingangstor zum jüdischen Friedhof. Als ich davorstand, wußte ich nicht, was ich dahinter sehen würde.«

Der Ivan von der Himmelstraße

Aussage von Elijahu Rosenberg am 11. Mai 1976 in Ashdod, Israel:

»Vom Getto Warschau kam ich ins Vernichtungslager Treblinka am Tage des jüdischen Neujahrsfestes des Jahres 1942. Ich war im Lager Treblinka bis zum Aufstand am 2. August 1943 inhaftiert. Ich kam in einem großen Transport – zirka 6 000 Juden – zusammen mit meiner Mutter und meinen Geschwistern. Aus dem ganzen Transport wurden 30 Menschen zur Arbeit ausgesondert. Meine Arbeit bestand darin, daß ich nach jedem Vergasungsprozeß die Leichen der vergasten Männer, Frauen und Kinder aus der Gaskammer zusammen mit anderen jüdischen Arbeitern herausschleppen mußte und von der sogenannten Rampe auf die Erde schmiß.

Die Transporte kamen ins Lager Nr. 1. Von dort, schon nackt, wurden sie durch die ›Himmelstraße‹ ins Lager Nr. 2 gejagt. Schon in der ›Himmelstraße‹ standen von beiden Seiten Ukrainer mit Bajonetten auf den Gewehren und schlugen und mißhandelten und versetzten Bajonettstiche den gejagten Menschen. Die Ukrainer stopften mit schrecklicher Brutalität die letzten Opfer in die Gaskammer hinein. Die Tür zur Gaskammer klappten die Ukrainer zu. Zwei Ukrainer, Ivan und Nikolaj, arbeiteten stabil bei der Gaslieferung von den Dieselmotoren in die Gaskammern. Den Ivan habe ich bis zum letzten Tag in Treblinka gesehen. Ich erinnere mich an

Ivan (John) Demjanjuk 1987 vor Gericht in Jerusalem

einen Fall, einen von Tausenden. Aus der ›Himmelstraße‹ zog er einen nackten Juden mit einem langen Bart heraus. Er steckte den Kopf des Judes zwischen den Stacheldraht und begann in schrecklichster Weise mit der Peitsche zu schlagen. Vor Schmerzen bewegte sich der Mann, der Stacheldraht drückte ihm immer mehr den Hals zu, bis er erstickte.

Ich habe aus einer Entfernung von 40 Metern gesehen, wie er den Menschen, meistens Frauen, Säbelschnitte in die nackten Körper versetzte.«

→

»Ein Bücherkarren mit Noten, alten Schwarten, zusammengebundenen Gesamtausgaben. Es wunderte mich, wie oft hier Passanten etwas kauften. Die meisten blieben aber nur stehen, um in den Büchern zu blättern oder zu lesen!«

Lauter feine Leute

In den »Landsmannschaften« der BRD fanden viele ehemalige SS- und Polizei-Angehörige, die im Warschauer Getto und in anderen Gebieten Polens an der Judenvernichtung beteiligt gewesen waren, ihr neues Wirkungsfeld und blieben von Strafe verschont. Am 23. Juni 1970 nannte die polnische Zeitung »Trybuna Ludu« einige Namen:

»Einer ist Ludwig Wolff, Aktivist der Landsmannschaft Weichsel-Warthe. Er war SS-Standartenführer und Kreisleiter der NSDAP im besetzten Lodz und gehörte zu den Haupttätern bei der Vernichtung der Bevölkerung in Polen. Unter den Nazis war damals ein Spruch von Wolff sehr populär: ›Falls dir ein Pole im Wege steht, schlag ihn auf den Kopf, damit sein Gehirn zerspritzt.‹

Ein anderer Hitlerverbrecher ist Hans Adolf Asbach von der Landsmannschaft Pommern. Er war 1933 der NSDAP beigetreten und im Kriege Kreishauptmann in Janow-Lubelski und Brzezany. Aufgrund seiner Befehle sind dort in den ›befriedeten‹ Dörfern zahlreiche Bauern ermordet worden. Am Versöhnungstag 1941 ließ er 500 Juden aus Brzezany erschießen.

Die »Berliner Illustrirte« wollte in diesem Foto vom jüdischen Kabarett im Warschauer »Melodie-Palast« ein Beispiel von fehlender Solidarität sehen. In Wirklichkeit gaben die hungernden Künstler den Juden ein Zeichen von Lebensmut. Eines der jüdischen Lieder hieß: »Mir lebn ebig«.

Karl von der Groeben, seit 1932 Mitglied der NSDAP, hat als Kreisleiter und Landrat von Lomza in der Nacht vom 14. auf den 15. Juli 1943 150 Menschen erschießen lassen. Er wirkt heute in der Landsmannschaft Westpreußen.

Aktives Mitglied der Landsmannschaft Weichsel-Warthe ist Theodor Bierschenk. Er war früher beim SD (Sicherheitsdienst) tätig und Angehöriger der Einsatzgruppe VI, die im Gebiet Wartheland unzählige Morde begangen hat. Als Leiter des Referats ›Nationalitätenfragen‹ im Distrikt Warschau war er mitverantwortlich für die Vernichtung der polnischen und jüdischen Bevölkerung.

Führendes Mitglied der Landsmannschaft Westpreußen ist der SS-Angehörige Hans-Jürgen von Wilkkens. Als Führer des ›Selbstschutzes‹ in Sepolno hat er Tausende Menschen verhaften lassen, die dann im Lager Karolewo ermordet wurden.

Der ehemalige Gerichtspräsident von Stettin, Johannes Paulick, war an Todesurteilen gegen Polen und Franzosen beteiligt. Heute ist er Vorsitzender des ›Bundes der Vertriebenen‹ in Rheinland-Pfalz.«

»Ich kam gerade hinzu, als vor einer italienischen Eisdiele ein alter Mann zusammengebrochen war. Passanten und ein jüdischer Polizist versuchten ihm aufzuhelfen.«

CHALVA
WODA
SODOWA
LODY

Besuch bei den reichen Juden

Bericht des Fabrikanten Ludwig Bronislaw Borkowski:

»Ich wurde 1899 in Polen geboren, beendete das Gymnasium in Radom und besuchte dann die Technische Hochschule in Warschau. 1935 heiratete ich, wir hatten eine schöne Wohnung. Mir gehörte eine Fabrik, die für Kriegsausrüstungen arbeitete. Wir hatten einen kleinen Sohn, meine Mutter lebte mit uns. Als Warschau 1939 von den Deutschen besetzt war, begann das Leben für uns Juden täglich schwerer zu werden. Die Bankguthaben wurden gesperrt. Mit der Zeit fing man an, die jüdischen Männer und Frauen auf der Straße aufzufangen und sie zu schlagen. Die deutschen Soldaten gaben den Befehl, ihnen zu folgen, und dann mußten die Opfer schwere Arbeit tun, zum Beispiel Möbel transportieren und Wagen reinigen. Sehr viele wurden auch deportiert und getötet. Das geschah von Anfang an, ohne daß irgendwelche Gesetze erschienen waren. Und zwar waren dies Soldaten der Armee, nicht die SS oder die Gestapo, und man hatte das Gefühl, ihre grausamen Handlungen waren die beste Unterhaltung, die sie zu der Zeit in Polen finden konnten.

In der Gegend, in der wir lebten, wohnten keine armen Juden. Es geschah oft, daß arme Polen, die in Warschau Bescheid wußten, den Deutschen die Adressen reicher Juden gegen kleine Entschädigungen angaben. Sie begleiteten die Deutschen sogar auf diesen Raubzügen. Sie verschafften sich ohne Ausweis Eintritt, nahmen alle wertvollen Dinge, die ihnen gefielen: Teppiche, Silberwaren, Schmuckstücke und Geld. Auch zu uns kamen sie mehrmals, und einmal erschien eine polnische Freundin unseres Kinderfräuleins mit so einer Gruppe von Deutschen. Sie war natürlich höchst erstaunt, sie bei uns zu sehen, und sagte: ›Bist du noch bei den Juden?‹ Sie erhielt keine Antwort, denn das Mädel war uns treu ergeben und hat uns später viel geholfen.

Im Jahre 1940, am Jom Kippur, mußten wir ins Getto übersiedeln. Wir tauschten also unsere Wohnung mit einer sehr armseligen Wohnung innerhalb der Gettomauern. Meine Frau, das Kind und ich lebten hier zusammen mit meinem Bruder, einem Anwalt, seiner Frau und seinen Schwiegereltern. Eine kurze Zeit lebte sogar unser christliches Kinderfräulein dort mit uns. Sie mußte dann aber das Getto verlassen.

Am Anfang wurde es mir erlaubt, in meiner Fabrik weiter zu arbeiten und so etwas Geld zu verdienen. Nach zwei Monaten wurde das auch verboten, und ich durfte das Getto nicht mehr verlassen.«

Voruntersuchung gegen Ludwig Hahn, 147 Js 16/69 Staatsanwaltschaft Hamburg, Blatt 25595/25606

→
»Beeindruckend fand ich, daß auf dem Dach der Synagoge die Gesetzestafeln aufgestellt waren.«

Für Kinder ein ungeheiztes Haus

Weiterer Bericht des Fabrikanten Ludwig Bronislaw Borkowski:

»Wir lebten vom Verkauf aller Werte und Dinge, die nicht absolut notwendig waren. Wenn man Geld hatte, konnte man sich über Wasser halten. Die Polen brachten Lebensmittel ins Getto und kauften dort ihrerseits all die Dinge, die die Juden mitgebracht hatten: Stoffe, Schmuck, Pelze usw. 1941 wurde dann eine Bekanntmachung herausgegeben, daß alle Pelze, selbst Besatz, abgegeben werden mußten. Aber selbst für Geld konnte man zum Beispiel kein Brot kaufen. Man bekam ein winziges Stück ungenießbares Brot für die Woche zugewiesen. Wir kauften eine Art Kren, aus dem wir einen dicken Brei machten, um uns zu ernähren.

Täglich sahen wir Hunderte Tote auf der Straße liegen, wenn wir am Morgen aus dem Haus gingen, meist Verhungerte. Sie waren mit Zeitungen zugedeckt. Die Familien hatten sie über Nacht auf die Straße geschafft, denn sie konnten die Beerdigung nicht bezahlen. Der offizielle Beerdigungswagen sammelte sie dann, und sie wurden alle zusammen beerdigt. Von 1940 bis 1941 starben zirka 800 Menschen täglich, in jedem Alter. Viele, viele wurden auch zu Tode geschlagen. Wenn man einen alten Bekannten traf, dessen Hände und Beine stark geschwollen waren, konnte man sicher sein, daß er am Verhungern war und nur noch ein paar Tage zu leben hatte. Wenn Eltern starben und Kinder allein zurückblieben, wurden sie in einem alten, ungeheizten Gebäude untergebracht. Keiner sorgte für sie, und die, die nicht an der ausbrechenden Typhusepidemie zugrunde gingen, wurden vergast.

1942 starb mein Bruder im Getto. Die vielen Aufregungen hatten sein Herz angegriffen, und er überlebte sie nicht. Im Juli begannen die Massendeportierungen. Zu dieser Zeit wurde der Teil des Gettos, in dem unsere Wohnung lag, vom eigentlichen Getto abgetrennt. Wir mußten unsere Wohnung verlassen und eine neue Bleibe suchen. Das war sehr schwierig, denn das eigentliche Getto wurde kleiner und kleiner, und wir wußten nicht, wohin wir gehen sollten. Meine Mutter, die krank im Krankenhaus war, kam nicht mehr mit uns, und mein kleiner, nun vierjähriger Junge starb an einer schweren Krankheit.«

Ludwig Borkowski und seine Frau konnten aus dem Getto flüchten. Sie versteckten sich auf der arischen Seite, überlebten den Krieg und gingen dann nach London.

→

»Frische Brote waren hier im Schaufenster aufgestapelt. Ein Eimer mit Bohnen. Pakete Liliput-Backpulver. Und ein Schild, daß auf ›neue Karten‹ verkauft werde.«

NOWE
15

Wo sie geblieben sind

Nur wenige Naziverbrecher sind nach dem Kriege in der BRD wegen der Judenmorde in Polen bestraft worden. Dabei waren nur wenige untergetaucht. Die meisten lebten unter ihren richtigen Namen, waren weiterhin Beamte der Polizei oder der Bundeswehr oder bestimmten in politischen Parteien und Organisationen die Entwicklung des Landes. Am 1. März 1972

Aus den Bunkern geholt und an die Wand gestellt, das Schicksal der Überlebenden des Getto-Aufstandes. Sie wissen nicht, ob sie im nächsten Augenblick tot sind – wie die meisten – oder noch eine Zeitlang weiterleben dürfen.

beklagte sich der Hamburger Landgerichtsdirektor Dettmer beim Polizeipräsidenten in Westberlin, daß »eine Vielzahl von ehemaligen KdS-Angehörigen* in der Nachkriegszeit in zunehmendem Maße miteinander in Verbindung getreten sind. Einige dieser KdS-Angehörigen haben auch Kontakte zu dem Angeschuldigten Dr. Hahn unterhalten und unterhalten sie zum Teil noch. Es ist zu Zusammentreffen zwischen ehemaligen KdS-Angehörigen gekommen, insbesondere zu einem Treffen in Wiesbaden im Jahre 1951/52, an dem etwa 25 bis 30 KdS-Angehörige teilgenommen haben. Zu dem Kreis der hier in Betracht kommenden Zeugen gehört der in Berlin wohnhafte Zeuge Hans-Günther Reinbold, der nach Zeugenaussagen auch in der Kriegszeit ein ›Organisator‹ war. Er hat sich 1953 dem ›Verband der Heimkehrer, Landesverband Berlin‹, angeschlossen. Reinbold nimmt möglicherweise einseitig die Interessen Dr. Hahns wahr... Unbedingt ist die Geschäftsstelle des Landesverbandes der Heimkehrer in Berlin aufzusuchen, Vorsitzender: Amtsgerichtsdirektor Stieler, und dort in den Geschäftsräumen durch Vernehmung geeigneter Zeugen zu klären, ob Reinbold auf der Geschäftsstelle Material der gesuchten Art verwahrt. Etwa dort vorhandenes Material ist zu erfassen, notfalls durch eine Durchsuchung und Beschlagnahme.«

Aus den Akten ist nicht zu erkennen, ob die Durchsuchung viel erbracht hat. Nach den Erfahrungen warnten sich die Polizeiangehörigen wie auch die betroffenen Richter und Staatsanwälte gegenseitig.

* Dr. Ludwig Hahn, KdS, Kommandeur der Sicherheitspolizei in Warschau.

»Direkt neben der riesigen Grube des Massengrabes standen die alten gepflegten Grabsteine der Juden, oft reiche Familiengräber. Meistens berichteten sie in hebräischen und lateinischen Schriftzeichen von den Toten.«

Die Sache hat sich bezahlt gemacht

Warschau, Mai 1943. Hier lebten einmal 500 000 Juden.

Am 16. Mai 1943 unterschreibt der SS-Brigadeführer und Generalmajor der Polizei, Jürgen Stroop, seinen Abschlußbericht über die Mordaktion. Er gibt ihr den Titel: »Es gibt keinen jüdischen Wohnbezirk in Warschau mehr« und läßt sie in Leder binden. Über die Ereignisse dieses Tages schickt er ein Fernschreiben an den SS- und Polizeiführer im Distrikt Warschau, SS-Obergruppenführer Friedrich Krüger:

»Verlauf der Großaktion am 16. 5. 43, Beginn 10.00 Uhr. Es wurden 180 Juden, Banditen und Untermenschen vernichtet. Das ehemalige jüdische Wohnviertel Warschau besteht nicht mehr. Mit der Sprengung der Warschauer Synagoge wurde die Großaktion um 20.15 Uhr beendet. Die für die errichteten Sperrgebiete weiter zu treffenden Maßnahmen sind dem Kommandeur des Pol.-Battl. III/23 nach eingehender Einweisung übertragen. Gesamtzahl der erfaßten und nachweislich vernichteten Juden beträgt insgesamt 56 065. Keine eigenen Verluste.«

Und doch war der Kampf noch nicht zu Ende. Immer noch gab es Bunker, in denen sich jüdische Kämpfer versteckt hielten. Manche kamen sogar durch die Kanalisation ins Getto-Gebiet zurück und überfielen deutsche Posten.

Jürgen Stroop erhält für die Ermordung der Juden am 18. Juni 1943 von Hitler persönlich das Eiserne Kreuz 1. Klasse. Gleichzeitig wird er zum Polizeipräsidenten von Warschau ernannt, und seine Bezüge werden angehoben. Die Sache hat sich bezahlt gemacht.

»Was soll ich dazu sagen? Menschen über Menschen auf der Straße. Ich konnte mir damals nicht vorstellen, wohin die alle sollten.«

Umschlagplatz für 330 000 Menschen

Juli 1942: Warschauer Juden auf dem Weg zum »Umschlagplatz« am Danziger Bahnhof, nach Treblinka.

Sammelstelle für die Deportation in das Vernichtungslager Treblinka war ein Platz an der Stawki-Straße beim Danziger Bahnhof. Schon auf dem Wege dorthin wurden viele Juden erschossen. Bei der großen »Aussiedlung« vom 22. Juli bis zum 21. September 1942 wurden 270 000 Menschen hier »umgeschlagen«. In den fünf Tagen vom 18. bis zum 22. Januar 1943 waren es 6 000, und während der Getto-Räumung vom 19. April bis zum 16. Mai 1943 noch einmal 56 000. Oft standen die Juden so eng gedrängt auf dem Umschlagplatz, daß viele zu Tode gedrückt wurden. Auch die Deportation der Arbeiter aus den Firmen Többens und Schultz nach Poniatowa und Trawniki geschah über den Umschlagplatz, wo sie alle in die wartenden Viehwagen getrieben wurden. Hier wurde 45 Jahre später, am 19. April 1988, von den wenigen Überlebenden ein Denkmal eingeweiht. Und hier hat Marek Edelmann, der letzte noch lebende Führer einer jüdischen Aufstandsgruppe des Gettos, von den Motiven der Widerstandskämpfer gesprochen: »Wir wußten, daß man öffentlich sterben mußte, vor den Augen der Welt. Die Mehrheit war für den Aufstand. Wir waren damals 220 in der ZOB, der jüdischen Kampforganisation. Es ging darum, sich nicht abschlachten zu lassen, wenn sie kamen, uns zu holen. Es ging nur um die Art zu sterben. Man sagte heute zu mir: Und du willst immer noch diese Mauern sehen, dieses Pflaster, diese leeren Straßen? Aber ich wußte: Ich muß hier sein, um das zu sehen. Man hat etwas mit Gott abzurechnen, wenn man 400 000 Menschen in den Tod gehen sah.«

→

»Äpfel und Birnen im Schaufenster hinter sich, wartete diese Frau auf ein Geldstück. Auf dem Straßenpflaster neben ihr saß ihr Kind.«

POZIOM

Mit besonderer Freude

Am 16. Juli 1942 telefonierte Karl Wolff, SS-Obergruppenführer und General der Waffen-SS, mit dem Staatssekretär im Reichsverkehrsministerium, Dr. Ing. Theodor Ganzenmüller. Wolff war der »Chef des Persönlichen Stabes« und Adjutant des »Reichsführers SS« Heinrich Himmler. Er befahl dem Verkehrsfachmann, eine ausreichende Zahl von Eisenbahnwagen und Lokomotiven ab 22. Juli 1942 für den Abtransport der Warschauer Juden ins Vernichtungslager Treblinka zur Verfügung zu stellen. Ganzenmüller, der auch stellvertretender Generaldirektor der Deutschen Reichsbahn war, antwortete am 28. Juli 1942:

»Unter Bezugnahme auf unser Ferngespräch vom 16. Juli teile ich Ihnen folgende Meldung meiner Generaldirektion der Ost-Bahn (Gedop) in Krakau zu Ihrer gefälligen Unterrichtung mit: ›Seit dem 22.7. fährt täglich ein Zug mit je 5 000 Juden von Warschau über Malkenia nach Treblinka, außerdem zweimal wöchentlich ein Zug mit 5 000 Juden nach Belzec.‹ Heil Hitler! Ihr ergebener Ganzenmüller.«

Am 2. August 1942 diktierte Wolff einen Dankesbrief an Ganzenmüller: »Mit besonderer Freude habe ich von Ihrer Mitteilung Kenntnis genommen, daß nun schon seit vierzehn Tagen täglich ein Zug mit je 5 000 Angehörigen des Auserwählten Volkes nach Treblinka fährt. Ich habe von mir aus mit den beteiligten Stellen Fühlung genommen, so daß eine reibungslose Durchführung der gesamten Maßnahmen gewährleistet erscheint.«

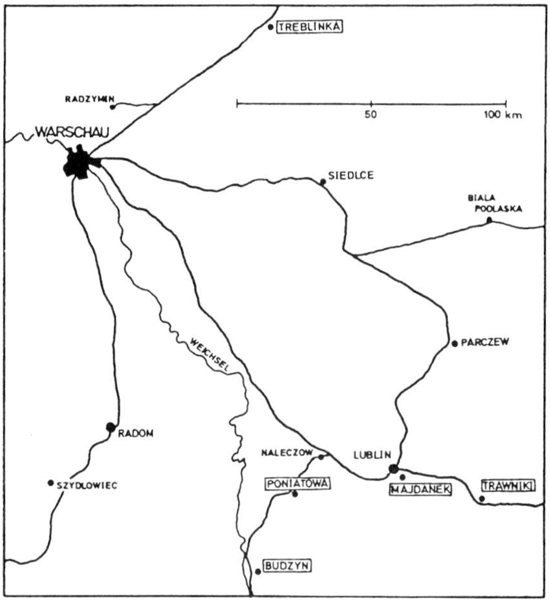

Die Vernichtung spielte sich im Hundertkilometer-Umkreis um Warschau ab, aber die Transportzüge brauchten sechs, sieben Stunden oder noch länger. (Karte: Bettina Schwarberg)

Es dauerte 22 Jahre, ehe Karl Wolff für seine Beteilung am 300 000fachen Mord am 30. September 1964 vom Landgericht München zu 15 Jahren Zuchthaus verurteilt wurde. Nach sieben Jahren wurde er begnadigt. Dr. Theodor Ganzenmüller erhielt nie eine Strafe, wohl aber lebenslang eine Pension der Deutschen Bundesbahn. Der verantwortliche Verkehrsminister Dr. Dorpmüller wird heute noch von der Bundesbahn vielfach geehrt, zum Beispiel durch einen nach ihm benannten Saal im Hauptbahnhof von Hannover.

→

»Schwer war die Tote nicht, die mir der Leichenträger vor dem Gebäude des Judenfriedhofs zeigte, ohne daß ich ihn darum gebeten hätte.«

Die SS rächt einen Toten

Am 11. September 1942 führt der SS-Unterscharführer Max Miala in Treblinka eine Selektion durch. Dabei wird er von einem jungen Juden angefallen, der ihn mit mehreren Messerstichen in der Schultergegend so schwer verletzt, daß er auf dem Wege in das Lazarett Ostrow stirbt. Der Angreifer hieß wahrscheinlich Lublina. Er wurde an Ort und Stelle mit Spaten und Gewehrkolben niedergeschlagen und getötet.

Als Vergeltung für diesen Überfall veranstalten die SS-Leute ein Massaker unter den angetretenen Warschauer Juden. Sie schießen mit Gewehren längere Zeit auf sie ein und töten eine große Zahl von ihnen. Einige können fliehen und gelangen sogar bis nach außerhalb des Lagers. Sie werden jedoch alle wieder von den Ukrainern und den SS-Leuten zusammengetrieben und müssen wieder antreten.

Der SS-Obersturmführer Christian Wirth läuft ins untere Lager, tobt und gibt Kurt Franz die Weisung, jeden zehnten der angetretenen Juden zu erschießen. Franz sucht nicht etwa jeden zehnten heraus, sondern zeigt willkürlich auf einzelne Personen, die heraustreten müssen. Er erschießt sie dann der Reihe nach durch Genickschuß. Zunächst benutzt er seine eigene Pistole, dann die Pistole eines anderen SS-Mannes. Mindestens zehn Juden sind tot. Am nächsten Tage werden aus Rache noch einmal mindestens 80 Juden im Lazarett erschossen.

»Auf der belebten großen Eisenstraße, die polnisch Zelazna hieß, verkaufte dieser Mann Streichhölzer und Zigaretten.«

Eine Welt, die untergegangen ist: Straßenbild aus dem alten jüdischen Warschau in der Zeit zwischen den beiden Weltkriegen.

Zog nischt kejn mol

Als die Juden von Wilna 1943 die Nachricht vom Aufstand im Warschauer Getto hörten, schrieb der Dichter Hirsch Glick ein Lied für die Aufständischen: »Zog nischt kejn mol«. Es wurde gesungen zu einer bekannten russischen Melodie und ist heute der bekannteste künstlerische Ausdruck jüdischen Widerstandswillens. In der Übertragung sind die Elemente des Jiddischen erhalten. Hirsch Glick ist 1944 als Partisan in Estland gefallen.

Sag nicht keinmal, daß du gehst den letzten Gang,
wenn auch der Himmel dunkel und dein Herz ist bang.
Kommen wird noch unsre heldenhafte Schar,
unsre Schritte werden dröhnen: Wir sind da!

Vom grünen Palmenland zum weiten Land voll Schnee
wir kommen an mit unserm Leid, mit unserm Weh;
und wo gefallen ist ein Spritz von unserm Blut,
wachsen wird dort unsre Kraft und unser Mut.

Es ist die Morgensonne, die uns golden scheint,
und die Vergangenheit verschwindet mit dem Feind.
Doch unser Kampf steht hier und heute uns bevor –
wie ein Fanal soll gehn dies Lied von Tor zu Tor.

Dies Lied geschrieben ist mit Blut und nicht mit Blei.
Es ist kein Liedel von dem Vogel, leicht und frei.
Es hat ein Volk zwischen eingestürzten Wänd
dies Lied geschrieben mit Pistolen in den Händ.

Zog nischt kejn mol az du gejst dem letstn veg,
chotsh himln blajene farshteln bloje teg.
Kumen vet noch undzer ojsgebenkte sho,
svet a pojk ton undzer trot: Mir zajnen do!

Fun grinem palmenland biz vajtn land fun shnej,
mir kumen on mit undzer pajn, mit undzer vej,
un vu gefaln iz a shprits fun undzer blut,
shprotsn vet dort undzer gwure, undzer mut.

Svet di morgenzun bagildn undz dem hajnt,
und der nekhtn vet farshvindn mitn fajnt.
Nor ojb farzamen vet di zun un dem kajor –
vi a parol zol gejn dos lid fun dor tsu dor.

Dos lid geschribn iz mit blut un nischt mit blaj,
s'iz nischt kejn lidl fun a fojgl ojf der fraj.
Dos hot a folk tsvishn falndike vent
dos lid gezungn mit naganes in di hent.

»Ein Kind, sicher noch keine dreizehn Jahre alt, fuhr einen der Leichenkarren. Gleichaltrige sahen ihm zu.«

Register

Urheberrechtsnachweise der Fotos: Privat 78 (2), 80 unten, 82, 84, 106, 170; Shabtei Tal 80 oben; Archiv Polnische Hauptkommission 7, 51, 92, 122, 146, 148, 154, 156, 158, 182, 188, 196, 200, 206; Günther Schwarberg 76, 88 rechts, 166; unbekannt 86, 194; Litzmann 88 links; Lahodynsky 96; Archiv WDR 110, 160; Staatsbibliothek Berlin 112, 118; Süddeutscher Verlag 116, 192; Hille 170 oben und rechts; Rachamin Israeli 190; dpa 198; AP 208; Interpress Warszawa 210; Roger Viollet 214.

Über den Autor:

Als Hitler an die Macht kam, kam Günther Schwarberg in die Schule. Als Hitlers Krieg zu Ende ging, wurde er zuerst Luftwaffenhelfer und dann noch Marinesoldat – voll Haß auf die Uniform und das Hakenkreuz. Sein Leben wurde beeinflußt durch die lebenslange Auseinandersetzung mit dem Faschismus und seinen Verbrechen.

Unmittelbar nach dem Kriegsende wurde Schwarberg Journalist. Zuerst Volontär, dann Redakteur des »Weser-Kurier« in Bremen. Seitdem bei vielen Zeitungen, Zeitschriften und Sendern. 24 Jahre lang, bis 1988, war er Reporter des »Stern«. Für ihn stand und steht der Feind immer rechts. Seine journalistischen Arbeiten stellten die Opfer des Faschismus und die Widerstandskämpfer in den Mittelpunkt. Berichterstattung über den Majdanek-Prozeß; über die größte Schiffskatastrophe der Weltgeschichte, die nicht etwa der Untergang der »Titanic« war – wie viele Geschichtsschreiber und Journalisten bis heute behaupten –, sondern die Bombardierung der KZ-Schiffe in der Lübecker Bucht am 3. Mai 1945 mit 7500 Toten (allerdings keine Passagiere eines Luxusliners). Die Versenkung der »Cap Arcona« und der »Athen« wurde aus dem Bewußtsein verdrängt und mußte erst wieder bewußt gemacht werden. Als die wichtigste Arbeit seines Lebens sieht Günther Schwarberg die Erforschung der Geschichte von zwanzig jüdischen Kindern an, die am 20. April 1945 im Keller der Hamburger Volksschule am Bullenhuser Damm erhängt wurden. Für diese Arbeit, die Gründung der Vereinigung »Kinder vom Bullenhuser Damm« und die jahrzehntelangen Nachforschungen nach den Angehörigen, erhielten Günther Schwarberg und die Rechtsanwältin Barbara Hüsing am 20. April 1988 als erste Deutsche den Anne-Frank-Preis.

Seine Bücher »Der letzte Tag von Oradour« (zusammen mit Lea Rosh), »Der SS-Arzt und die Kinder vom Bullenhuser Damm«, »Die letzte Fahrt der Exodus«, »Angriffsziel Cap Arcona« und »Der Juwelier von Majdanek« erscheinen im Steidl Verlag.